現場の悩みを知り尽くした
プロが教える

クレーム対応の教科書

心が折れないための21の実践テクニック

Enkawa Satoru
援川 聡

ダイヤモンド社

はじめに　マニュアルでは対応できない！

「もう3日間、下痢が止まらん。鯖寿司を食ってからだ。どうしてくれるんだ！」

「申し訳ございません。弊社の商品が原因で体調を崩されたのであれば、治療費を負担させていただきますので、念のため事実関係を教えていただけないでしょうか？」

「俺がウソをついているとでも言いたいのか！」

「いえ、そのようなことは……」

クレーマーの自宅を訪問した私は、口から絞り出すようにお詫びを繰り返すのが精一杯でした。目の前にいるのは、痩せぎすの老人ですが、酒臭い息と唾のしぶきを浴びせかけ、こちらの説明など一切聞き入れる気配はありません。私は30分以上も板の間に正座をしたまま、言葉に詰まっていました。

しばらく膠着状態が続いたあと、老人の怒声が沈黙を破りました。

「おまえみたいなつまらない人間は、死んでしまえ」

伏し目がちに老人の顔を見ると、目が吊り上がり、こめかみに血管が浮き出ています。

〈これはヤバい！〉

こう思った瞬間、いきなり額を小突かれました。

これは、私が警察から民間流通業に転職して間もない頃の出来事ですが、いまでもそのときの情景ははっきりと覚えています。それは、私がこの一件を契機に渉外担当者として一皮むけたからです。

興奮した老人の前で途方に暮れていた私は、「おい、寝てるのか。黙ったままじゃ話にならん！」という老人の怒鳴り声で我に返りました。そして再び、小突かれそうになったとき、老人の手をかわしてとっさに言葉が出ました。

「暴力を振るわないでください」

動いたのは口だけではありません。お詫びの席なので目を伏せていましたが、目線を上げて正面から相手の目を見ることができたのです。

〈なぜ、こんなに声を荒げているのだろうか？　狙いはどこにあるのか？〉

一方、老人は一瞬〈なんだ、こいつ？〉と、ぎょっとした表情を見せました。

これが潮目でした。

「お前じゃ話にならん、出て行け！」

「そうですか、それでは失礼します」

私は、相手の罵声を逆手にとり、退出することにしました。もちろん、満足できる結果ではないのですが、しかたありません。

店舗に戻ると、こんどは店長から質問攻めです。

「どうでした？」「相手は納得しましたか？」「解決しましたか？」

「納得しませんでした。酔っ払っていて、話になりませんでした」

私が手短に報告すると、店長はあからさまに落胆の表情を見せます。

「やっぱり、署長クラスの大物ＯＢじゃないと無理なんですかね。援川さんはまだ若いから……」

なんということでしょう。「役に立たない警察ＯＢ」の烙印を押されてしまったのです。警察の元幹部なら、酔っ払い相手にどう対応するというのでしょうか？

店長の態度に無性に腹が立ち、「やってられるか！」とキレそうになりましたが、なんとかその場はこらえました。

「まあ、酔いがさめるまで様子を見ましょう。明日、私から先方に連絡してみます」

こう進言すると、「自分が対応しなくていい」と安心した店長は、「それじゃあ、お願いします」と満足げでした。じつに現金なものです。

こうして、その日は終わりました。しかし、気分は晴れません。宿舎に帰ってもすぐに寝つけないことはわかっていたので、近くの居酒屋でしっかりと心をアルコール消毒してからベッドに潜り込みました。

そして翌日、老人に電話をかけました。

「大変申し訳ありませんが、商品を交換したことで誠意を尽くしていると思います。一応、地元の警察にも相談しました。これ以上、高圧的な態度をとられるのであれば、弁護士に相談して法的な対応も考えます」

一瞬の沈黙のあと、老人のかすれた声が聞こえてきました。

「もうええ。なかったことにしてやるわ」


悪質クレーマーに対しては、毅然とした態度で臨まなければならない――。

これに異論をはさむ人はいないでしょう。

しかし、クレームの現場で毅然とするのは決して容易なことではありません。私はこの老人に小突かれたとき、転職したことを後悔しながら、警察官時代の一コマを思い出していました。民間企業から相談を受けたときのことです。

「『料理に異物が入っていて歯が欠けた！』と、因縁をつけられています。どうも、タチのよくない輩のようなんです」

「それは大変ですね、それでどんな要求をしていますか？」

「まだ、具体的な要求はしてきません。『どうしてくれる、どう責任をとるんだ！』の一点張りです。『異物は飲み込んだ。調べたいならトイレに一緒に入って調べてみろ』と言うんです。どうすればいいんでしょうか？」

私はこう答えました。

「具体的な要求がないと、まだ恐喝とはいえませんね。でも、不当な要求があれば、断固として拒否してください」

クレーマーを前に進退窮まる私が、かつてこんなアドバイスをしていたのです。

では、クレーマー老人との攻防でピンチを切り抜けられたのは、なぜでしょうか？　つたない接客術で、その場をしのいだのでもなければ、警察官時代に身につけた逮捕術が役に立ったわけでもありません。

あえていえば、相手に小突かれたことで「五感をはたらかせて身を守る」という本能が目覚め、「アブナイ相手をじっくり観察する」という刑事の習性がよみがえったのかもしれません。戦闘アニメのヒーローのように、華麗な変身を遂げたわけではありませんが、私の内面でなにかが変わったことは確かです。

じつは、この「なにか」がクレーム対応ではとても重要ではないかと考えています。

「犯罪捜査にマニュアルはないのか？」

こんな質問をセミナーや講演で受けることがありますが、捜査にルールはあっても、現場で役立つようなマニュアルは存在しません。犯罪者は十人十色、その目的や動機も千差万別だからです。

クレーム対応でも同じです。いまや、「モンスター（化け物）」と呼んでも差し支えないクレーマーがあちこちに出没していますが、彼らと渡り合うには、小手先の受け答えではどうにもなりません。いくら詳細なマニュアルをつくっても、クレーマーが想定通りの言動をするはずもなく、「正解」が見つかるわけではないのです。

クレーム対応でもっとも大切なのは、あなた自身の心理的なダメージを軽減し、平常心をもって臨機応変に相手と向き合うことです。本書では、そのための「手順」と「実践テクニック」を事例を紹介しながら解説しています。

いま私は、クレーマーの自宅を訪問しても、足のしびれを我慢するようなことはありません。最初は正座をしていますが、頃合いを見計らって相手にこう切り出します。

「大変申し訳ありませんが、足を崩させていただきます」

もし、足を崩すことも許されなければ話し合いを拒否されたとみなし、「今日は話し合いに応じていただけないようですから、出直します」と言って、さっさと辞去します。

本書が、困難なクレームを乗り越えるための羅針盤になることを心から願っています。

2014年3月

援川聡

※本書で紹介している事例は実話をもとにしていますが、プライバシーなどに配慮してアレンジを加えていることをお断りしておきます。なお、事例における固有名詞はすべて仮名です。

もくじ

第2章 「ふつうのお客様」をモンスターにしない

第3章 「しつこいクレーマー」を現場でさばく

第4章 「詐欺まがいの連中」をチームで退ける

第5章 日頃の目配り・手配りでクレームを遠ざける
——トラブル回避の危機管理

第1章

クレームは大きく3つに分けられる

基本の行動原則

正当な要求をするお客様から、日頃の不安や不満で怒りを爆発させるクレーマー、金品目当ての輩まで、苦情を訴えてくる人々はさまざま。まず、クレームの最新事情を踏まえて、もっとも効率的に対応するための「5つの行動原則」を紹介しましょう。

01 行動原則

「顧客満足」から「危機管理」にモードチェンジする

◉なぜ、いつまで経っても「出口」が見えないのか？

「こちらに非はないと思っていても、１００％の確証があるわけじゃない。どう折り合いをつければいいのでしょうか？」

「お客様から厳しい口調で責め立てられると、なにがなんだかわからなくなり謝ってばかり。いつのまにか、法外な要求をのまされています。悔しい！」

「ウチとは関係ないことで、文句や愚痴を延々と言い続ける常連客。ほかのお客様に応対できなくて迷惑していますが、話に付き合わないと逆ギレしてわめき散らします」

私のもとには、クレーム対応に苦慮する現場の担当者から、さまざまな悩みや相談が持ち込まれます。なかには、そのストレスからウツ状態になっている人もいます。

誰でも、クレームを受けるのは楽しいものではありません。たとえ、クレーム対応が担当業務である「お客様相談室」のスタッフであっても、「今日はどんなクレームが来るのか、楽しみだな」という人はいないでしょう。それは、私も同じです。

ただ近年、クレーム対応が、以前とは比べものにならないほど難しくなっているのも事実です。なぜでしょうか？

それは一言でいえば、クレーマーの「属性」や「目的」、さらに「手口」が多様化しているからです。

かつて、悪質クレーマーといえば、その多くは暴力団などの反社会的勢力が後ろで糸を引く、金銭目当ての輩でした。ところが、１９９２年に暴力団対策法が施行されて以来、めっきり影が薄くなり、一部は一般市民を装って活動するようになりました。

その一方で、**もともと善良な市民だった人々が、日頃の鬱憤を晴らすかのように嫌がらせをしたり、プロ顔負けの手口で金品をかすめ取ったりする**ようになりました。

あるいは、**悪意はなくても不安や過剰な思い入れがクレームとなる**ケースもあります。

クレーム担当者は、たまったものではありません。

また、インターネットの普及で、ネット空間はクレーマーの温床になっています。インターネットを通じて、誰もが簡単に悪評をまき散らすことができるからです。

お客様は神様――。ちょっと古くさい言い回しですが、「顧客満足（CS）」の考え方が浸透したいまこそ、お客様を神様扱いしているのかもしれません。問題は、この神様のなかに「貧乏神」や「疫病神」がいることです。

では、どうすればいいのでしょうか？

まず、こうした現状を踏まえて、クレーム対応にメリハリをつけることです。

左ページの図をご覧ください。私は、クレームを「ホワイト」「グレー」「ブラック」の3つに分類しています。そのなかで、グレーゾーンが拡大しているのです。

クレーム対応で重要なのは、**クレーマーを十把ひとからげにせず、相手のレベル（悪質性）に合わせた姿勢で臨む**ということです。

往々にして、顧客満足を意識するあまり、悪質クレーマーに対しても一般のお客様と同じ態度で接しがちですが、それでは、いつまで経っても「出口」が見えてきません。

そうならないためには、**相手が執拗に理不尽な要求をしてきた時点で、顧客満足から「危機管理」にモードチェンジする**必要があります。

次項で、具体的にどのようなプロセスをたどるのか、詳しく説明しましょう。

クレームは「グレーゾーン」が拡大している

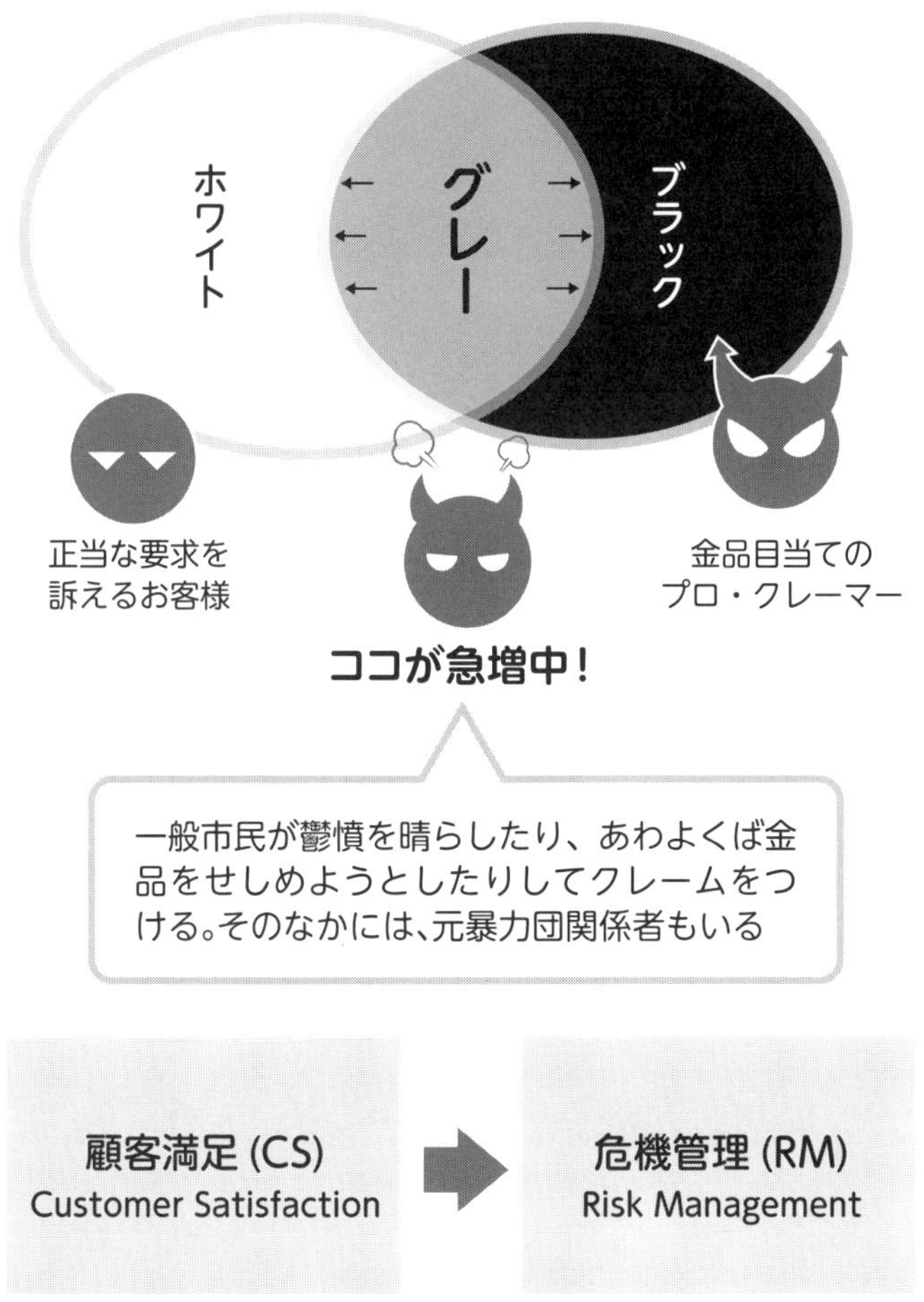
ホワイト
グレー
ブラック
正当な要求を
訴えるお客様
金品目当ての
プロ・クレーマー
ココが急増中！
一般市民が鬱憤を晴らしたり、あわよくば金品をせしめようとしたりしてクレームをつける。そのなかには、元暴力団関係者もいる
顧客満足（CS）
Customer Satisfaction
危機管理（RM）
Risk Management

02

行動原則

「親身」「受身」「捨身」で解決のタイミングを図る

◉クレーム解決のチャンスは3回

トラブルの発生から解決までのプロセスは、スキーのジャンプ競技にたとえると、わかりやすいでしょう（23ページ図参照）。

まず、ジャンプ競技でのスタートは前屈みになり、低姿勢で風の抵抗を受けないようにします。トラブル対応でいえば、なにはともあれ相手の興奮を鎮めることを優先し、**目線を低くしてお詫びする**というスタイルです。

この段階では、お客様の要求が正当である場合も多いので、まずは相手の言い分を共感をもって傾聴しなければなりません。「顧客満足」を念頭に置き、相手には「**親身**」な態度で接します。

クレームの多くは誠心誠意、お詫びすることで収束に向かいます。ここが、クレーム解決の最初のチャンスです。つまり、**「謝って済む問題」に持ち込む**わけです。

次に、ジャンプ台を踏み切って風に乗ります。これは、クレームの実態を把握する段階に相当します。お客様とのやりとりを通じて、動機や目的を見極めるのです。いわば、**「受身」**の姿勢で臨みます。

得体の知れない相手を前にして、ハラハラ、ドキドキしますが、それは空中で落下の恐怖と戦っているジャンパーの姿に重なります。

しかし、ここをうまくクリアできれば、クレーム解決の２回目のチャンスが訪れます。お客様の言い分を聞き、**妥協点を見出す**ことができれば一件落着です。

ジャンパーが飛距離を伸ばしていくと、「K点」に近づきます。K点とは、ジャンプ台の建築基準点のことですが、危険ラインを示す極限点としても用いられてきました。

クレーム対応でも、このK点に相当するポイントがあります。こちらが誠意をもってお詫びしても納得しないばかりか、**主張の背後に金銭や特別待遇などの要求が見てとれたら、「K点」を越えたと判断**します。

ここで大切なのは、それまでの「お客様扱い」をやめて、「悪質クレーマー」として接することです。すなわち、**「CS（顧客満足）対応」から「RM（危機管理）対応」に大きくモードチェンジ**しなければならないのです。少々、おおげさかもしれませんが、**「捨身」**の覚悟で腹をくくるわけです。

この段階のクレームに対しては、クレーマーの要求には応じず、相手が退却するのを待つだけです。これが3回目のクレーム解決のチャンスです。

こうした対応のプロセスを理解したうえで、メリハリのついた対応を心がければ、クレーマーのペースに巻き込まれることは少なくなります。

ただ、それでもクレームの現場で平常心を保つのはなかなか容易ではありません。

そこで、**あらかじめ行動パターンを頭にインプット**しておきましょう。

パソコン操作になぞらえれば、「初期設定」です。どんなに高性能なパソコンでも、きちんと初期設定をしないと、正常に機能しません。これと同じように、クレーム対応でもストレスを最小限に抑えつつ、効率的に問題を処理するために必要なのです。

次項から、「視界」「スピード」「組織」という3つのポイントで説明しましょう。

「親身」「受身」「捨身」でクレーマーをさばく

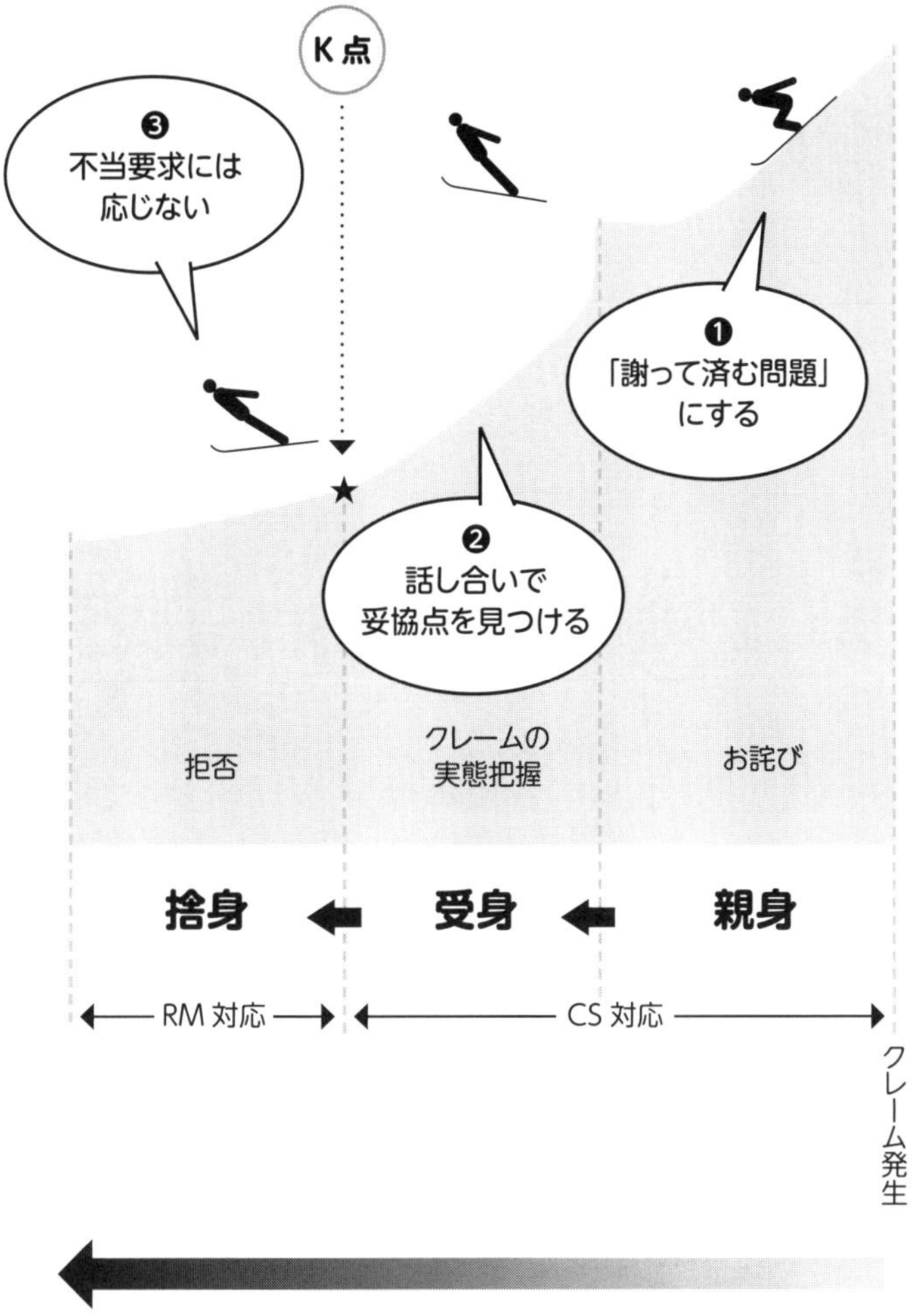

03

行動原則

段階を追って「視界」を狭めていく

◉「なにが問題なのか？」ズームイン！

クレームを解決するには、その実態がわからなければ、どうにもなりません。事実関係だけでなく、相手の動機や目的にも目を向ける必要があります。

ところが、クレーマーの正体を突き止めるのは容易ではありません。

かつては、一見してそれとわかる風体でイチャモンをつけてきたクレーマーも、いまでは善良な市民を装って忍び寄ってきます。表面的にはスマートな紳士や温厚な主婦であっても、いつモンスター化するか、わかったものではありません。

クレーマーが怒鳴っているからといって、「お客様がキレてしまった」と考えるのも早計です。金品目的の悪質クレーマーが計算ずくで、大声を出しているのかもしれないのです。

また、クレーマーが理不尽な要求をするとき、思い入れが強すぎてモンスター化したのかもしれないし、クレーム担当者の初期対応のまずさからヘソを曲げてしまったのかもしれません。もちろん、はじめから金品目的で狙い打ちされた可能性もあります。

そもそもクレームの発生時点では、クレームの主が「被害者」なのか、「加害者」なのかさえはっきりしません。クレームの原因がこちらの過失であることもあり得るし、双方に過失が認められることもあります。担当者は、まさに暗中模索です。


では、どうすればいいのでしょうか？

それは、対応の段階によって、「視界」を調整することです。

まず、**「親身」の段階では、視界を大きく広げて目配り・気配り**をします。そうしなければ相手はなにが不満なのか、なにが目的なのか、まったく見当がつかないからです。

しかし、**「受身」の段階では、徐々に視界を狭くしていき、相手がこだわっていることに焦点を絞る**必要があります。

つまり、オーバービュー（俯瞰）から、クローズアップ（大写し）に切り替えて、課題を浮き彫りにするのです。「ズームイン」するといってもいいでしょう。

そして、**「捨身」の段階では、あえて視界を閉ざすぐらいの気持ち**になることです。

実際に目をつむるわけではありませんが、相手がごちゃごちゃ文句を並べても、聞く耳をもつ必要はないのです。

このように、視界を調整するのは、「やるべきこと」をはっきりさせるためです。

とくに、対応が難しいクレームに対しては、できるだけ行動を単純化する必要があります。話がこじれてきても、「やるべきこと」をシンプルな「作業」としてとらえることができれば、ずいぶん気が楽になるはずです。

もっとわかりやすくいえば、「受身」の段階では、相手の要求に対して「できること」と「できないこと」を明確にします。

そして、「捨身」の段階に入ったら、クレーマーには「できない」と結論だけを伝えます。相手の言い分を理解する必要もなければ、相手に納得してもらおうと努めることもありません。

要するに、**対応が難しければ難しいほど、「行動の選択肢」を狭める**ことが大切なのです。

話がこじれそうになったら…「視界」を狭める

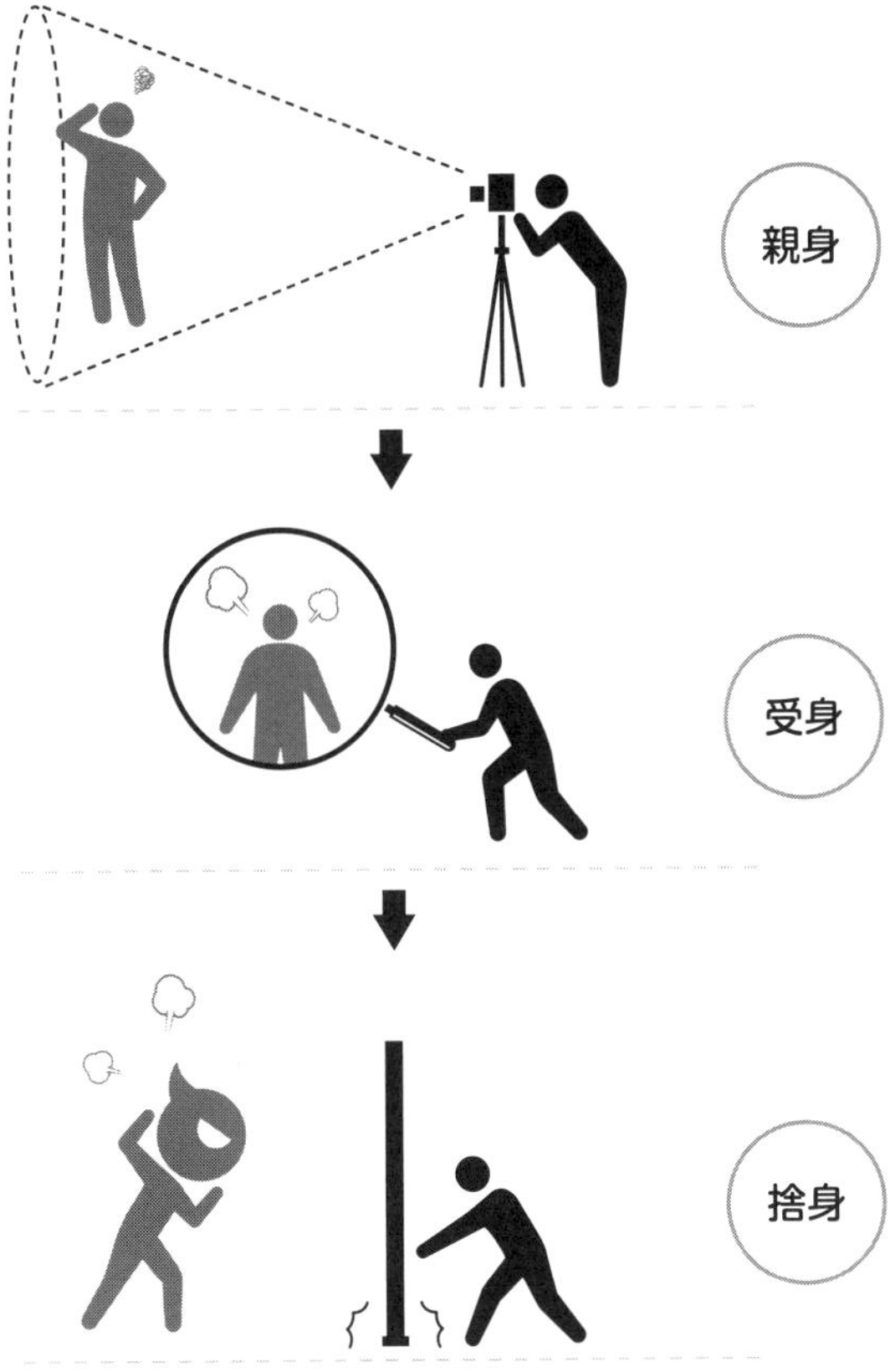

クレームの段階によって
「視界」を調整することが重要！

04

行動原則

「スピード解決」を焦らない

◉「短期戦」から「長期戦」に移行する

クレーム対応では、絶対に「焦らない」ことが大切です。

「親身」の段階では、相手がヒートアップしないように、スピーディな対応が求められますが、**「受身」「捨身」の段階に入ったら、腰を据えて相手の出方を見守る**必要があります。

車の運転にたとえれば、「親身」ではアクセルを踏んでいますが、「受身」ではエンジンブレーキで減速します。それは、じっくり相手を観察して、対応を誤らないためです。「短期戦」から「長期戦」に移行するわけです。

そして、「捨身」の段階ではサイドブレーキを引いて、停止も辞さない構えを見せます。

じつは、「受身」の段階で疲弊してしまうクレーム担当者が、とても多いように感じています。

このとき、担当者がいちばん恐れていることは、クレーマーからの暴力ではなく、社会的なバッシングや組織内における責任問題です。

誰もが携帯電話やスマートフォンを持ち歩くようになったため、担当者の不用意な発言や相手を突き放したような態度は、インターネットの掲示板やユーチューブなどを通して瞬時に広まってしまいます。それは組織にとって甚大なダメージとなるだけでなく、担当者個人の立場も危うくするでしょう。

しかし、ここで解決を焦ると、クレーマーの思うつぼです。動揺する相手の隙をうかがって言葉尻をとらえ、過大な要求を押しつけてくるのです。

トラブル発生直後のスピーディな対応は誠意の証しですが、そのあとの対応で解決を急ぐと、墓穴を掘ることになります。

スピーディな対応とスピード解決とはまったく違うことを肝に銘じておいてください。

ただ、見方を変えると、「時間」に追われているのは、クレーマーのほうだともいえます。

クレーマーにはさまざまなタイプがいますが、そのなかでも金銭目当ての悪質クレーマーは、怒鳴り声で相手をパニックに陥れておき、ボロが出ないうちに金品をかすめ取るのが手口です。これは、振り込め詐欺と同じです。

つまり、警察の介入をもっとも恐れる**確信犯的なクレーマーは、長期戦に持ち込まれることを非常に嫌う**のです。なぜなら、交渉期間が長引けば長引くほど、警察に通報されるリスクが高まるからです。

一方、**対応する側は、必ずしも解決を急がなくてもいい**という強みがあります。

ただし、それは担当者一人だけではかないません。それは一人の「持ち時間」には限りがあるからです。たとえ、お客様相談室の専任スタッフやコールセンターのオペレーターであっても、一人のクレーマーにかかりっきりになることは不可能です。

では、組織として対応したらどうでしょうか？　担当者のバックには、何人もの仲間がついていています。クレーマーに対応する「延べ時間」はたっぷりあるでしょう。

長期戦に持ち込むためにも、次項で述べるように、「個人戦」から「組織戦」に大きく舵を切らなければなりません。

話がこじれそうになったら…「スピード」を落とす

クレームの段階によって
「スピード」を調整することが重要！

05

行動原則

「つながってる感」があれば腹がすわる

◉たった一人では誰でも心が折れる

現在、クレーム担当者が置かれている状況はとても厳しいものです。

それはまず、攻撃するのはクレーマーで、対応する側は専守防衛だからです。

一般にマスコミの論調や世論は、企業や行政機関、病院、学校などの「組織」に対して手厳しいといえるでしょう。ひとたび問題が起きれば、いっせいにバッシングに走る傾向があります。組織は社会性や公共性を意識している分、弱腰にならざるを得ません。

その反面、クレーマーはモンスターと呼んでもいいような輩であっても、消費者、患者、生徒・父兄という「個人」であり、「弱者」というレッテルが貼られています。

そこに、インターネットの登場です。

一般市民は強力な情報発信の手段を手に入れ、強烈なプレッシャーを組織にかけることができるようになりました。

かつて、クレームの持ち込み先は、企業が設けたサポートセンターの窓口ぐらいしかありませんでしたが、いまは苦情をメールで送りつけたり、携帯電話で撮影した写真や動画をネット上に公開したりすることができます。

個人は、組織に「直接対決」を挑まなくても、**ほかの一般消費者と一緒に「包囲網」を敷き、「消費者全体への裏切り行為だ！」などと、絶対多数を背景に攻め込んでくる**わけです。

しかし、クレームを受ける担当者こそ、本当の弱者ではないでしょうか？　クレーマーは、相手が殴り返してこないことをいいことに、やりたい放題です。

こんな情景を思い浮かべてください。

舞台は、古代ローマ時代のコロシアム（円形闘技場）。そこでは、剣闘士が生死を賭けて戦いますが、観衆であるローマ市民は、すべて相手方の応援団。観衆は総立ちとなり、興奮に包まれたコロシアムは完全にアウェーの状態です。

しかも相手は、なんでも貫き通す「無理槍」という強力な武器を手に連続攻撃を仕掛けてきます。一方的に「誠意を見せろ！」と叫びながら襲いかかってくる相手に、ルールは通用しません。

しばらくは持ちこたえるものの、心は折れかかっています。

ついには、なす術もなくコロシアムの真ん中で一人途方に暮れる――。

これが、理不尽なクレーマーに対峙する現場担当者のイメージです。

では、どうすればいいのでしょうか？

それは、組織のバックアップです。職場の仲間が協力したり、全社的に対応をしたりするのです（左ページ図参照）。**窮地に追い込まれても、「仲間とつながっている」と感じられれば、悪質クレーマーにも毅然と立ち向かうことができる**はずです。

「そんなことは、言われなくてもわかっている」

こんな声が聞こえてきそうですが、現実には「面倒なことには関わりたくない」「自分に火の粉が降りかかるのはまっぴらだ」などと、仲間の苦境を見て見ぬふりをする人は少なくありません。

私はこれまで、こうした組織がクレーマーの餌食になるのを何度も見てきています。

話がこじれそうになったら… 「個人戦」から「組織戦」へ

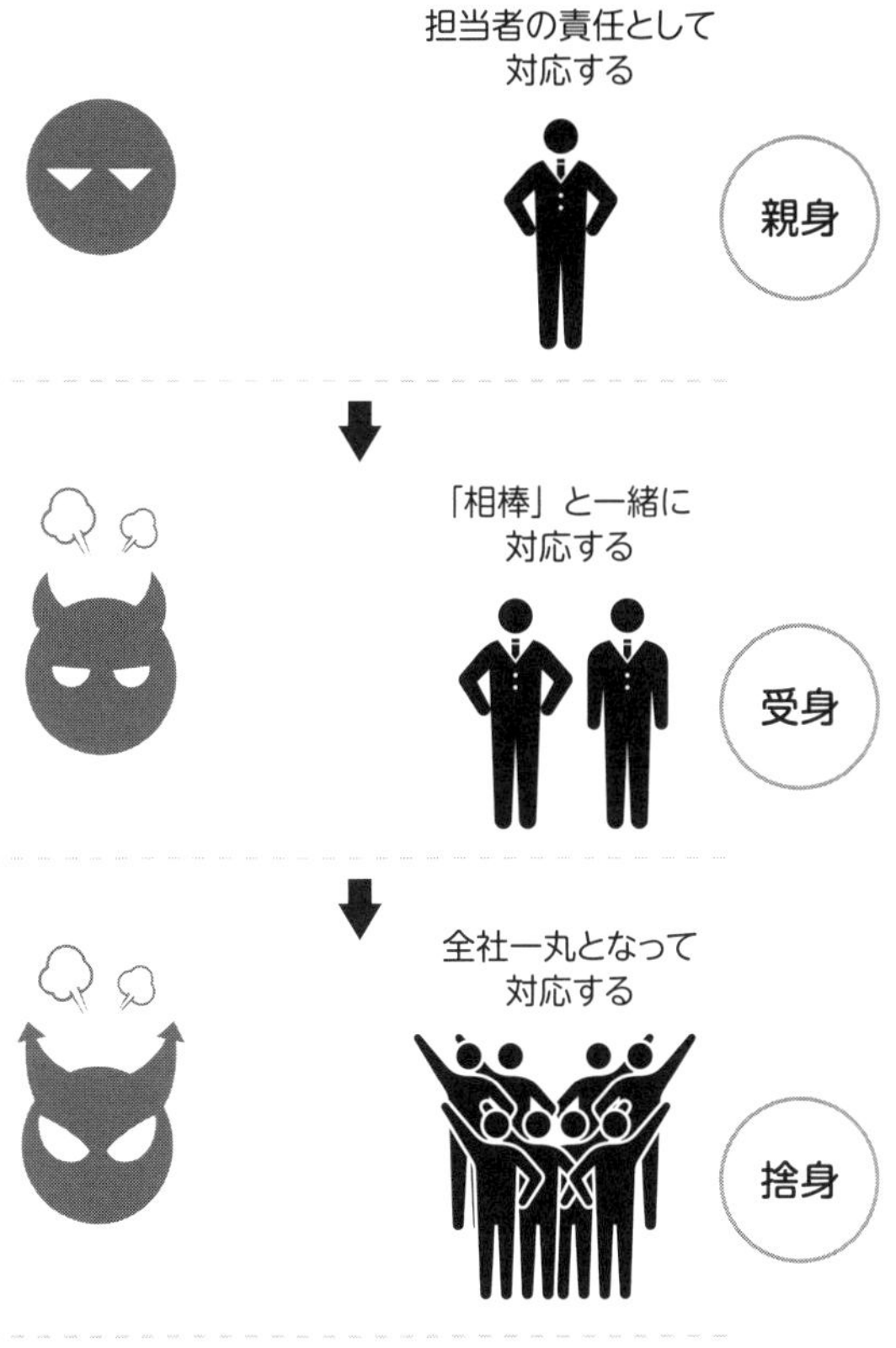
担当者の責任として
対応する
親身
「相棒」と一緒に
対応する
受身
全社一丸となって
対応する
捨身

担当者一人では
「捨身」になることなどできない！

もう一度、あなたが所属する組織の現状を見直してみてください。

◉百点満点の解決なんてありっこない

終わらないクレームは存在しない――。

どんなトラブルやクレームも、いつかは収束します。話し合いがこじれて、調停や裁判になることもありますが、必ず終焉を迎えるのです。

また、クレーム対応で百点満点の解決を求める必要はありません。双方が100%の納得を得られることなど、あり得ないのです。

たとえば3カ月間、ひっきりなしに電話で文句を言い立てていたクレーマーが、4カ月目に入ると1本の電話もかけてこなくなることがあります。

このとき、クレーマーは納得したわけではなく諦めたのですが、担当者としては、この時点で「クレームを乗り越えた」と自信をもっていいのです。

次章から、いよいよ実践テクニックの紹介に入ります。あなたが直面している現実と重ね合わせながら、読み進んでいただきたいと思います。

第2章

「ふつうのお客様」を
モンスターにしない

口調がどんなに厳しくても、そこに悪意があるとは限りません。むしろ、クレームを持ち込むお客様のほとんどはそれなりの理由があって、怒りをあらわにしています。相手をヒートアップさせないコツをお伝えしましょう。

「ですから…」の一言で
相手はキレる
Section 1
事例

なんだ、その言い草は！

社員のキモチ

いったい、なにが気に食わないのか？

月曜日の午後3時。部内会議で吊るし上げられた片山一郎は、がっくり肩を落として自分のデスクに戻った。

山と積まれた資料を前に、なにから手をつければいいのか思いあぐねていると、内線電話が入った。

「片山さん、ユーザーから電話が入っています。4月に発売した新商品に関するクレームです」

片山はため息が出るのをこらえて、転送ボタンを押した。

「お待たせいたしました。私、片山が承り

第2章 「ふつうのお客様」をモンスターにしない

「取扱説明書のとおりに操作しても、まったく動かない。どういうことなんだ?」

「申し訳ございません。恐れ入りますが、どのような状態なのか、教えていただけますか?」

「どうもこうもないよ。ウンともスンともいわないじゃないか!」

受話器の向こうから、荒い鼻息が伝わってくる。片山は、相手の剣幕に戸惑いつつも、この程度の苦情電話には慣れたものだ。

「申し訳ありません。すぐに確認いたしますので、お客様のお名前を教えていただけるでしょうか?」

「4月に契約した柏木だ」

片山は顧客データを確認しながら、会話を続けた。

「このたびは、ありがとうございます。それで、どのような不具合がございますでしょうか?」

「何回やり直しても、うまくいかない。電源スイッチを入れても、操作パネルが表示されない! 不良品じゃないのか? すぐ取り替えに来てくれ」

相手はまくし立てるが、話を聞いていて片山はハタと気がついた。

「柏木様、操作パネルを表示させるには、電源スイッチを入れたあと、スタートボタンを押していただく必要があります。スタートボタンは押されましたか？」

相手の苛立つ声が少しだけ弱まった。

「スタートボタン？　なんだそれ？　そんなこと、説明書のどこに書いてある？」

「取扱説明書の2ページ目にございます」

「……」

「枠で囲んである部分です」

「……『プッシュ』とは書いてあるが、よくわからんな」

片山は相手のきょとんとした表情を思い浮かべて、うんざりした。

「**ですから**」

思わず、語気を強めてしまった。その途端、相手の怒声が耳に響いた。

「**なんだ、その言い草は！**」

明らかに怒りを増幅させている。

〈え！　どうしてそんなに怒るんだ？〉

お客のキモチ

俺をバカにしやがって！

柏木悟は、15年間のサラリーマン生活に区切りをつけて独立開業したばかりだった。オフィスには、学生アルバイトが一人いるだけである。

「社長、注文した機材が届いています」

出社早々、アルバイトに声をかけられ、ワクワクしながら梱包を解いた。

〈これで効率がアップするな〉

しかし、説明書を読んでもチンプンカンプン。納期が迫っている作業を気にしながら、昼食を抜いて悪戦苦闘したが、ラチが明かない。イライラが募ってくる。

「メーカーに電話してみたほうがいいんじゃないですか？　不良品かもしれませんよ」

見かねたアルバイトにこう勧められ、受話器を取った。

「もしもし、お宅の新商品を購入した者だが……」

少しキツい口調で伝えると、すぐ担当者に取り次いでくれた。

ところが——。〈片山とかいう男は、失礼極まりない奴だ！〉

「D 言葉」は「S 言葉」に変換する

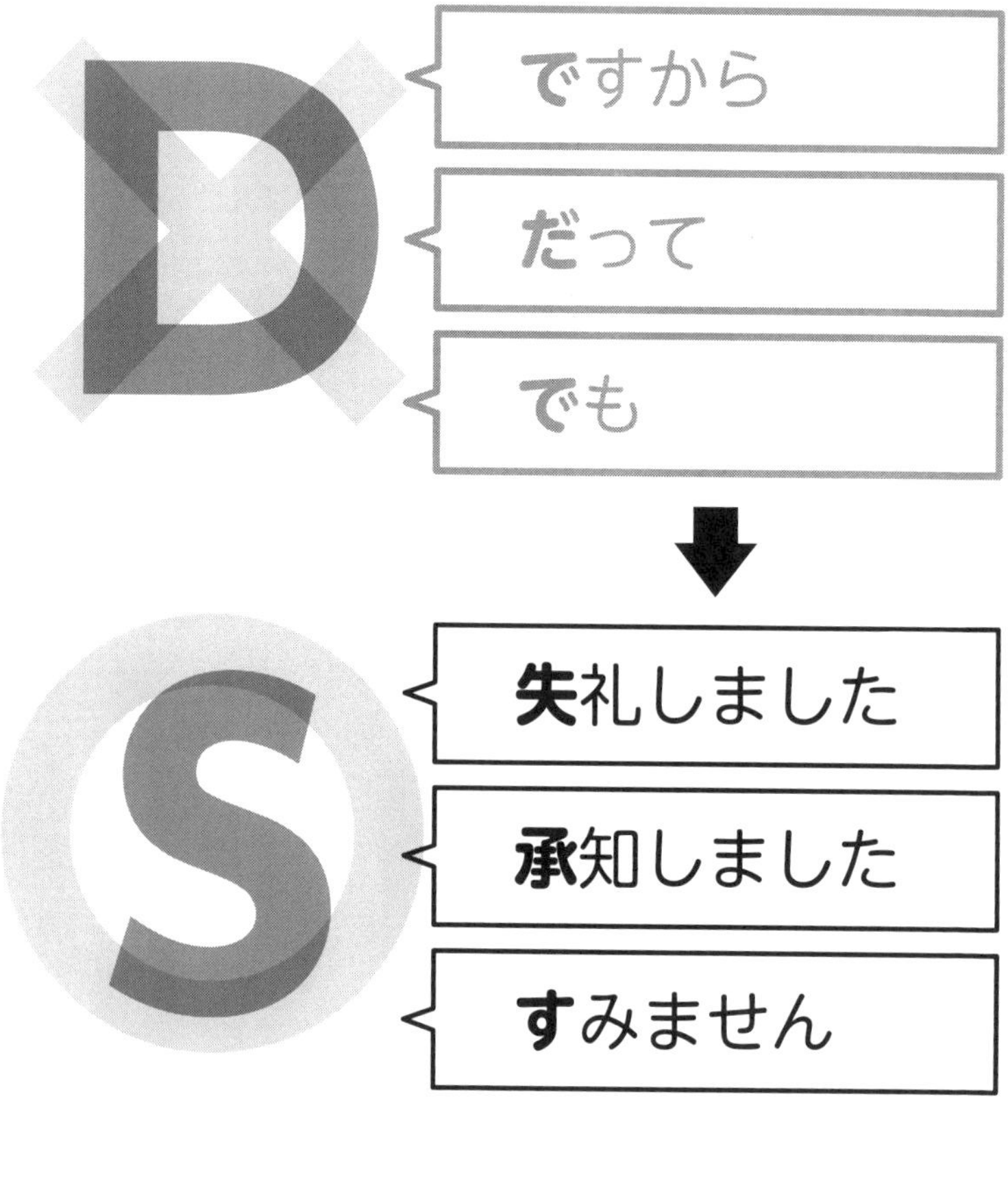
D
ですから
だって
でも
S
失礼しました
承知しました
すみません

↓↓ こんなフレーズは「上から目線」「言い逃れ」に聞こえる

外部からのクレームを受けるのは、「お客様相談室」のスタッフやコールセンターのオペレーターだけではありません。日常業務の合間を縫って、クレームに対応しなければならない人はたくさんいます。担当している仕事で忙しいとき、突然クレームが舞い込んでくると、慌ててしまうでしょう。

そのような場合、ビジネスマナーを身につけているベテラン社員でも、しばしば不用意な一言で大きな失敗をおかします。

代表的なのが、**「ですから」「だって」「でも」**といったフレーズです。私はこうしたフレーズを「D言葉」と名付け、クレームの初期対応では封印するように指導しています。

誰でも、話が堂々めぐりになったり、的外れなことを言われたりすると、つい口にしてしまいますが、相手には「上から目線」や「言い逃れ」、あるいは「反抗的」ととらえられる可能性があります。仮に、トラブルの原因がお客様の理解不足であったとしても、こうした態度は相手をヒートアップさせます。

では、クレームの発生現場では、どのような対応をすればいいのでしょうか？

それは、D言葉に代わって「S言葉」を使うことです。

S言葉とは、「**失礼しました**」「**承知しました**」「**すみません**」といったフレーズです。

たとえば、この事例ではこんな具合です。

社員「枠で囲んである部分です」

お客「……『プッシュ』とは書いてあるが、よくわからんな」

社員「失礼しました。それでは、私からご説明してもよろしいでしょうか？」

こうした対応をすれば、相手のプライドを傷つけることもなく、お客様がモンスター化することもないでしょう。

ここで大切なのは、D言葉を使うことで相手の話の腰を折ったり、相手の言い分に反論するのではなく、まずはS言葉で相手の感情を受け止めることです。

興奮している相手に対しては「**常識」が通用しないことを念頭に置き、相手を論破しようなどと考えてはいけない**のです。

●初期対応では「D 言葉」を封印する●

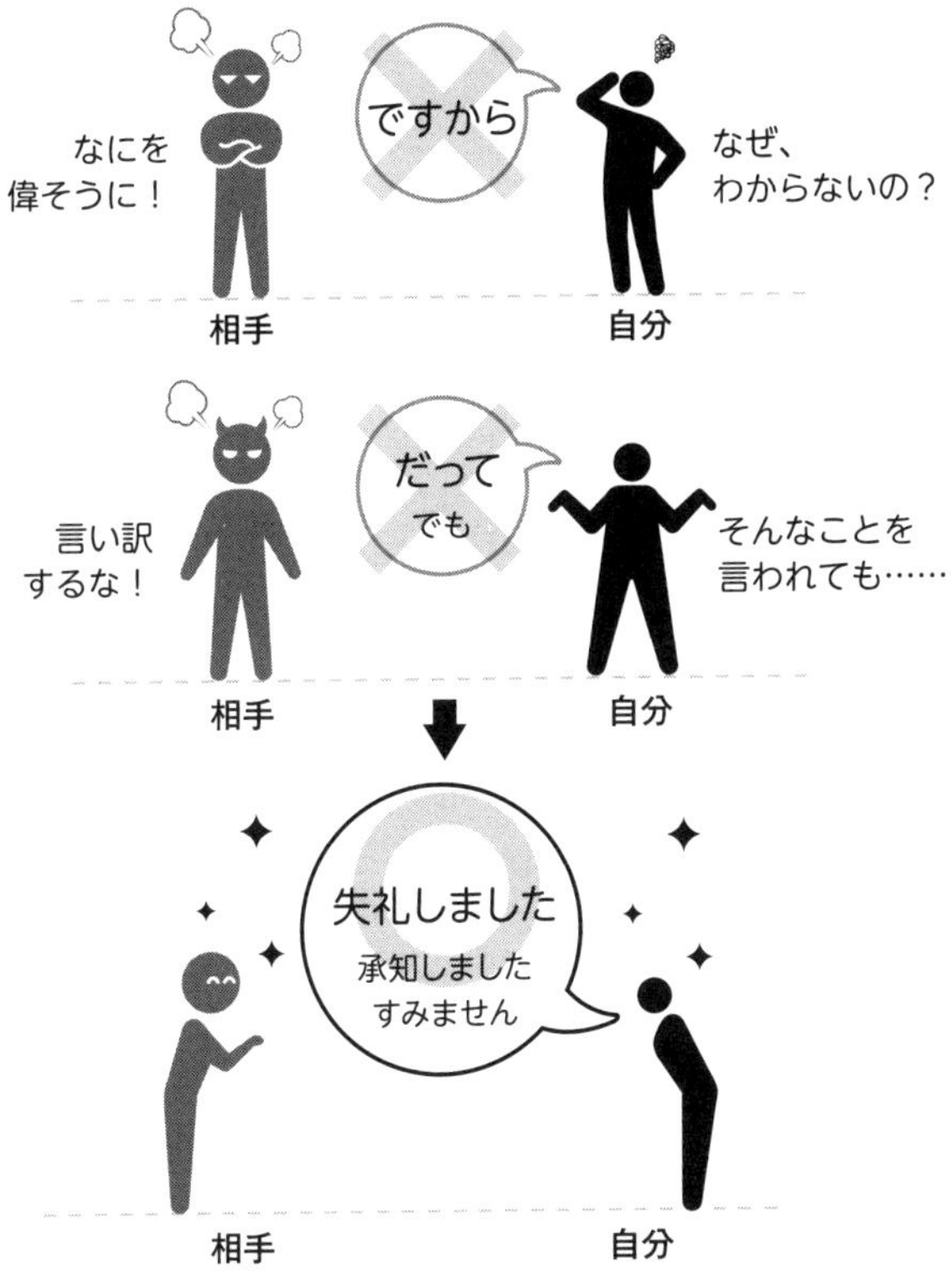
なにを
偉そうに！
ですから
なぜ、
わからないの？
相手
自分
言い訳
するな！
だって
でも
そんなことを
言われても……
相手
自分
失礼しました
承知しました
すみません
相手
自分

「S 言葉」で相手の感情を
受け止めることが大切！

落ち度がなくても
「お詫び」は必要
Section
2
事例

なんとか言えよ！

お客のキモチ

なにをコソコソしているんだ？

1週間前に整体マッサージを受けた北山信夫は、その店を再び訪れた。ただし、施術を受けるためではない。

「ここでマッサージをしてもらってから、腰の痛みがひどくなったような気がする」

受付の職員にこう伝えると、待合室のソファに身を沈めた。ほかに客はいない。

職員は北山から診察券を受け取り、施術室に向かった。

北山は腰の具合を気にしながら、整体師がやってくるのを待った。ところが、10分経っても職員は戻ってこない。北山が呼び鈴を鳴らそうと思ったそのとき、声がかかった。

「先生はいま施術中ですので、しばらくお待ちください」

こう言い残して、そそくさとその場から立ち去ろうとする。北山は思わず声を荒げた。

「先生はなんて言ってるんだ？　話を聞いてきたんだろ？」

「いえ、私にはよくわかりませんので……」

職員はこう言って、口をつぐんでしまった。北山は、ただうつむいている職員に腹が立ってきた。

「なんとか言えよ！」

職員のキモチ
下手なことを言ったら叱られる

職員の川瀬次郎は、北山に声をかけられたときから緊張していた。最近、整体やマッサージで骨折などのトラブルが頻発していることをマスコミ報道で知っていたからだ。

〈うちの先生に限って、施術ミスはないと思うけれど、もし……〉

案の定、整体師からは「余計なことは言うな」と指示された——。

3つのポイントに絞ってお詫びする

POINT 1
相手に与えた不快感について
「ご不快な思いをさせて」

POINT 2
相手が感じた不満について
「ご不便をおかけして」

POINT 3
こちらの手際の悪さについて
「お手間をとらせて」

＋

申し訳ございません

➃➃お詫びの一言がなければ現場は収まらない

突然、お客様から叱責を受けると、反射的に「申し訳ございません」という言葉が出るのではないでしょうか？

それは、自然な反応です。相手の怒りを鎮めるには、お詫びが必要です。

ところが、「安易に謝ってはいけない」と、従業員に指導している会社もあります。「いったん謝ってしまうと、こちらの非を認めたことになり、あとで補償を求められる」というのが理由です。医療過誤の申し立てを警戒する病院などでも、その傾向が見られます。

たしかに、トラブルの原因がはっきりしない段階で頭を下げるのは釈然としない、という考え方もあるでしょう。しかし、これは机上の空論です。

もし、現場の担当者が「安易に謝罪はしない」とばかりに押し黙っていたら、どうなるでしょうか？　たぶん、この事例のように相手を激高させます。

また、その場を取り繕うために愛想笑いでもしようものなら、「なにをヘラヘラしているんだ！」と罵声を浴びるでしょう。日頃から「笑顔」を心がけている接客業では要注意です。

苦情を申し立てるお客様のほとんどは、自分にも落ち度があるかもしれないなどとは思っていません。だから、お詫びの一言が大切なのです。

ただし、お詫びをするにあたっては「理論武装」が必要です。それは、お詫びと正式な謝罪を区別するためです。

具体的には**「相手に与えた不快感」「相手が感じた不満」「こちらの手際の悪さ」について、ピンポイントでお詫び**をします。

この事例では、「お加減はいかがですか？」などと相手を気遣ったうえで、**「ご不快な思いをさせて（しまい）申し訳ございません」**と、まずは職員がお詫びするべきです。

このような表現なら、仮に「謝ったんだから、責任をとってくれ！」と詰め寄られても、「いいえ、そうではありません。お詫びしたのはご不快な思いをさせてしまったことについてお詫びしたのであって、全面的に過失を認めて謝罪したわけではありません」と、自信をもって反論できます。

●お詫びの「理論武装」をする●

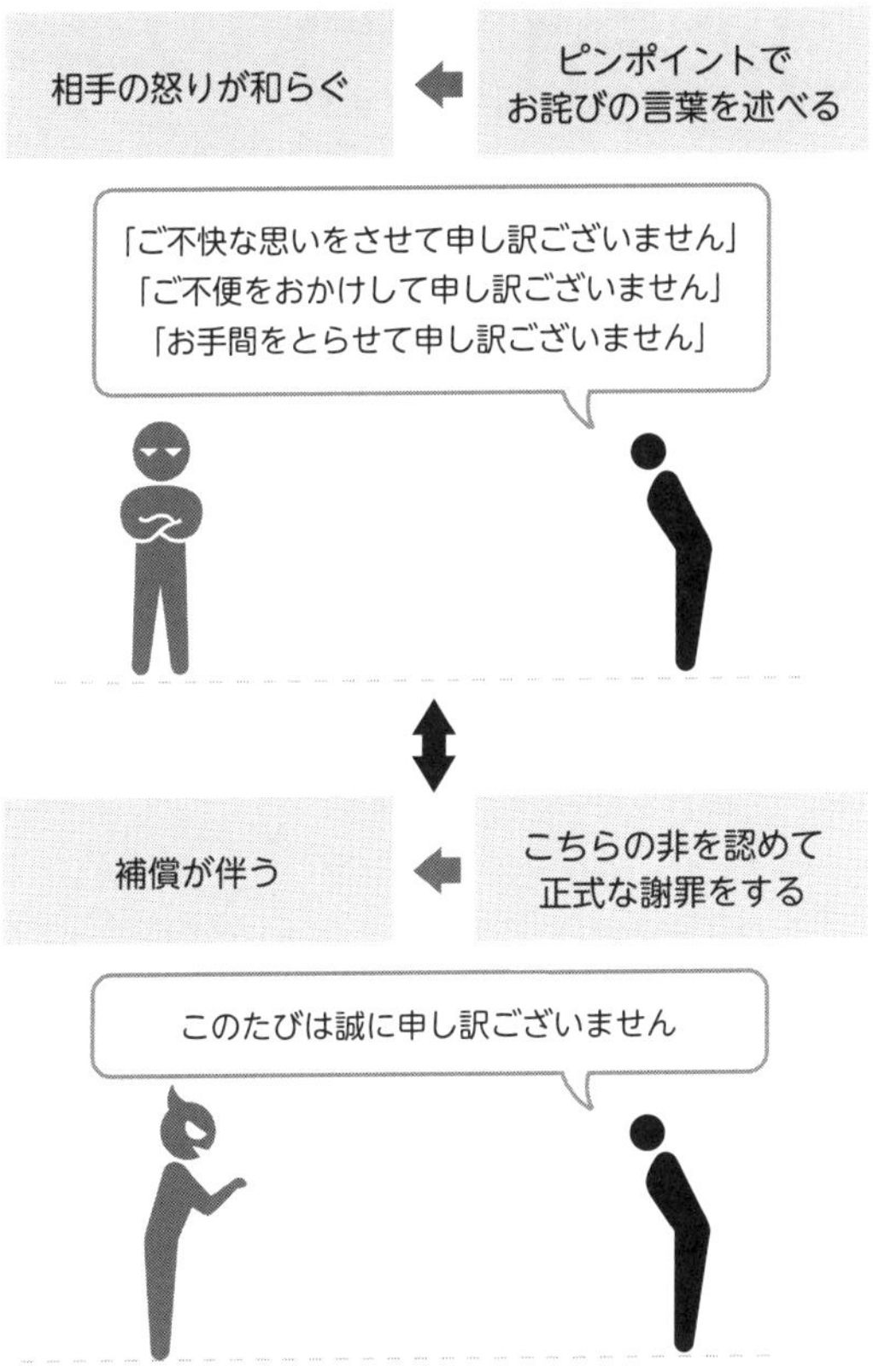
相手の怒りが和らぐ
ピンポイントで
お詫びの言葉を述べる
「ご不快な思いをさせて申し訳ございません」
「ご不便をおかけして申し訳ございません」
「お手間をとらせて申し訳ございません」
補償が伴う
こちらの非を認めて
正式な謝罪をする
このたびは誠に申し訳ございません

「お詫びの言葉」と「正式な謝罪」はまったく違う！

Section 3 最初の5分間を演じ切る　事例

いったい、どういうつもり！

お客のキモチ
放射能汚染が心配でたまらない

小山裕美は、ネット販売で購入したキャットフードのラベルをじっと見つめている。〈原産国は台湾。でも、原料産地はどこなの？　放射能に汚染されていないかしら？〉

東日本大震災による原発事故で、放射能汚染に関するニュースが連日、報道されていた。小山の不安は、日増しに膨らんだ。そして、その不安は〈なぜ、原料産地を明記しないの？〉という不満となり、さらに〈ペットは家族でしょ。もし、この子が放射能におかされたら、どうしてくれるの！〉という怒りに変わった。

小山は携帯電話から、販売元のコールセンターに電話をかけた。

社員のキモチ

なんて神経質なお客様だろう

児玉敦子は、コールセンターに勤め始めて３年目。元声優という異色の経歴の持ち主だが、電話応対のスキルは上司や同僚から高く評価されている。

「はい、神宮商事です」

児玉はヘッドマイクに向かって、いつものように明るく、ハキハキと答えた。しかし、ヘッドホンから聞こえてきたのは、すさまじい怒りの声だった。

「いったい、どういうつもり！」

このコールセンターでは、「お買い上げいただきまして、ありがとうございます」と、お礼の挨拶から始めるように指導しているが、そんな悠長なことは言っていられない。

「申し訳ございません。どのようなお問い合わせでしょうか？」

「お宅で買ったキャットフード、放射能に汚染されていないでしょうね」

さまざまなクレーム電話を処理してきた児玉だが、このときばかりは、いささか面食らった。小山が続ける。

「どこで獲れた魚を使っているの？」

児玉は〈なるほど、そういうことか〉と合点がいった。

「ただいま確認いたしますので、注文番号をおうかがいしてもよろしいでしょうか？」

「１２３－４５６７」

児玉はディスプレイを見ながら、「小山裕美様ですね。いつもありがとうございます」と深々と頭を下げる。そして、「この商品は、原産国が台湾でございます」と伝えた。

〈これで納得してもらえるだろう〉

ところが、そうはいかなかった。

「そんなことはわかってるわよ。原料産地が書いてないじゃない！」

児玉は〈しまった！〉と思ったが、すぐフォローした。

「失礼いたしました！　**おっしゃるとおりです**」

「だから、心配なのよ！」

「**はい**。ご心配になるのも**ごもっともです**。申し訳ございません」

「私の実家は福島なのよ」

「**えっ、そうなんですか**」

「いまは東京で一人暮らしですけど、母とは電話でよく話しています」

「**さようでございますか**」

「親戚もあっちにいるんです。そこで飼われていた犬は、避難所に連れていけなかったらしいですよ」

「えーっ、**そんなことがあったのですか**」

「もう大変だったらしいわ」

「それはさぞかしご心配でしょうね」

児玉は、小山の口調がだんだん穏やかになっていることに気づいた。

「小山様、この商品の原料産地ですが、いま正確な場所をお答えすることはできないんです。ただ、原産国が台湾なので、福島原発の周辺で獲れた魚でないことは、ほぼ間違いありません。もしご心配であれば、メーカーに問い合わせますが、いかがいたしましょうか？」

「そう、それならいいわ。ありがとう」

3パターンの「あいづち」で相手に共感を示す

パターン1

ストレートに相手の話に同調する

「はい」
「さようでございますか」

パターン2

やや強めに相手の意見に同調する

「ごもっともです」
「おっしゃるとおりです」

パターン3

感嘆を込めて相手の話に同調する

「えっ、そうなんですか」
「そんなことがあったのですか」

↓↓ あいづちを打ちながら話を聞くだけでいい

はじめから悪意を含んだクレームでなければ、たいていは担当者が相手に共感を示すことで、解決の糸口を見出すことができます。

一般的に、クレーマーは過剰な思い入れや思い込みにとらわれていますが、共感をもって話を聞いてもらうことで、徐々に興奮が鎮まるからです。

この事例では、放射能汚染に過敏なお客様に、有能な電話オペレーターが臨機応変に対応しています。

しかし、見事な話術や精緻な論理で相手を説得したわけではありません。**相手の話に合わせてあいづちを打ち、相手の怒りが収まるのを待っていた**だけです。

コツは、**最初の５分間を演じ切る**こと。

ただし、うわべだけの猿芝居では逆効果です。名演技に心が込められているように、本気でひと芝居打つ覚悟が必要です。

この電話オペレーターは、元声優だけあって「演技力」は抜群です。ヘッドホンを外したくなるほどの相手の怒鳴り声にもひるまず、あいづちを打ちながら、言葉をつないでいきます。また、相手からは見えなくても、深々と頭を下げます。

やがて相手の怒りも収まり、スムーズに会話が流れるようになってから、事情説明に入ります。これが、クレーム電話がかかってきてから約5分間の「一幕」です。

もし、このお客様を説得しようとして、はじめから事情説明を行ったらどうなっていたでしょうか？

たとえば、「原産国が台湾なので、たぶん放射能の心配はないでしょう」と説明しても、「ペットだからといって、いい加減なことを言わないでよ」と反発されるのではないでしょうか？

また、「原料産地を表示する義務はありません」と突っぱねた言い方をすれば、ますます相手の怒りは膨らむに違いありません。たとえ、相手を論破したとしても、それ以降、商品を買ってはもらえないでしょう。

往々にして、相手の大声につられて自分の声にも力が入り、いつのまにか激しい論争になってしまうことがあるので、気をつけなければなりません。

●クレームを火災にたとえると……●

あいづちを打ちながら
相手の話を聞く

小火のうちに鎮火できる

説得を焦ったり
論争する

大火事になる

消火活動で初期消火が命運を握るように
クレーム発生直後の5分間が重要！

色眼鏡で見ないで言い分を傾聴する Section 4 事例

クレーマー扱いしやがったな！

店員のキモチ

怖そうな客だなぁ

派手なスーツに身を包んだ中年男性が、カー用品の専門店に高級外車で乗りつけた。

「お宅で取り付けたカーナビの調子が悪い。すぐになんとかしろ」

応対した串田哲史は、お客の威圧的な態度に表情をこわばらせる。

〈嫌な客が来たな。イチャモンをつけられたらどうしよう？〉

内心こう思ったが、まずはピットに案内して点検作業を始めた。ところが、不具合の原因がなかなか見つからない。

「あと、どれくらいかかる？」

客は串田の手元をのぞき込んで尋ねる。そのねっとりした声にびくついた串田は、思わず弁解してしまった。

「このカーナビですが、かなり古い型なので……」

こんどは客の表情がこわばった。

「安物ってことか？　俺の車にケチをつける気か！」

串田は「そんなつもりで言ったんじゃありません」と必死にかぶりを振りながら、店長に助けを求めて事務室へ駆け込んだ。

お客のキモチ

クレーマーだと思っているのか？

カーマニアの黒田義男は、ただでさえカーナビの不具合で苛立っているのに、自慢の愛車をけなされたようで怒りが爆発しそうになった。しかも、従業員からは「色眼鏡」で見られている。

「俺を**クレーマー扱いしやがったな**！　上等じゃないか」

ピットに一人残された黒田は、吐き捨てるように言った。

店長のキモチ

相手の言い分を一通り聞いてからが勝負

新米の串田に代わって、店長の桑原康夫が対応に出た。しかし、ヘソを曲げてしまった黒田は、顔を紅潮させて怒鳴り声を上げる。

「いったい、どんな社員教育をしているんだ！」

桑原は、改めてお詫びの言葉を述べた。

「ご不快な思いをさせてしまい、誠に申し訳ございませんでした」

そして、こう切り出す。

「カーナビの調子が悪いとのことですが……」

黒田はここぞとばかりに、文句を並べ立てる。

「カーナビが正常に動かない。どうしてくれる？」

「お宅で取り付けたのだから、責任をもって取り替えろ」

「カーナビ本体が旧式だから、壊れていて当然だとでも言うのか？」

「俺に安物をつかませたのか！」

「あの店員はアルバイトか？　お客への応対がまったくなっていないじゃないか！」

「俺は忙しい。急いでいるんだよ」

あいづちを打ちながら聞いていると、言いたい放題である。ゆうに20分は話し続けただろう。しかし、一通り言い終えると、黒田の興奮も収まってきた。そこで桑原は、**タイミングを見計らって、論点をはっきりさせていく**。

「あの者は正社員ですが、まだ経験が浅く、ご迷惑をおかけして誠に申し訳ございません。よく言い聞かせるとともに、しっかり指導して参ります。また、お忙しいところをお待たせしてしまい、申し訳ございませんでした」

ここで一呼吸おいて、こう提案した。

「カーナビの不具合については、最善を尽くして原因を調べます。とりあえず、ポータブルのカーナビを取り付けさせていただきますので、代替としてお使いいただけないでしょうか。もし、新しいカーナビをご購入いただければ、いまからすぐに取り付けさせていただきます。あるいは、今日一日、お時間をいただければ、これから優秀なピットマンを呼んで、引き続きカーナビのチェックを行います」

黒田はしばらく考えていたが、結局、代替品のカーナビを持って帰っていった。

「聞く6割」「話す3割」で実態を把握する

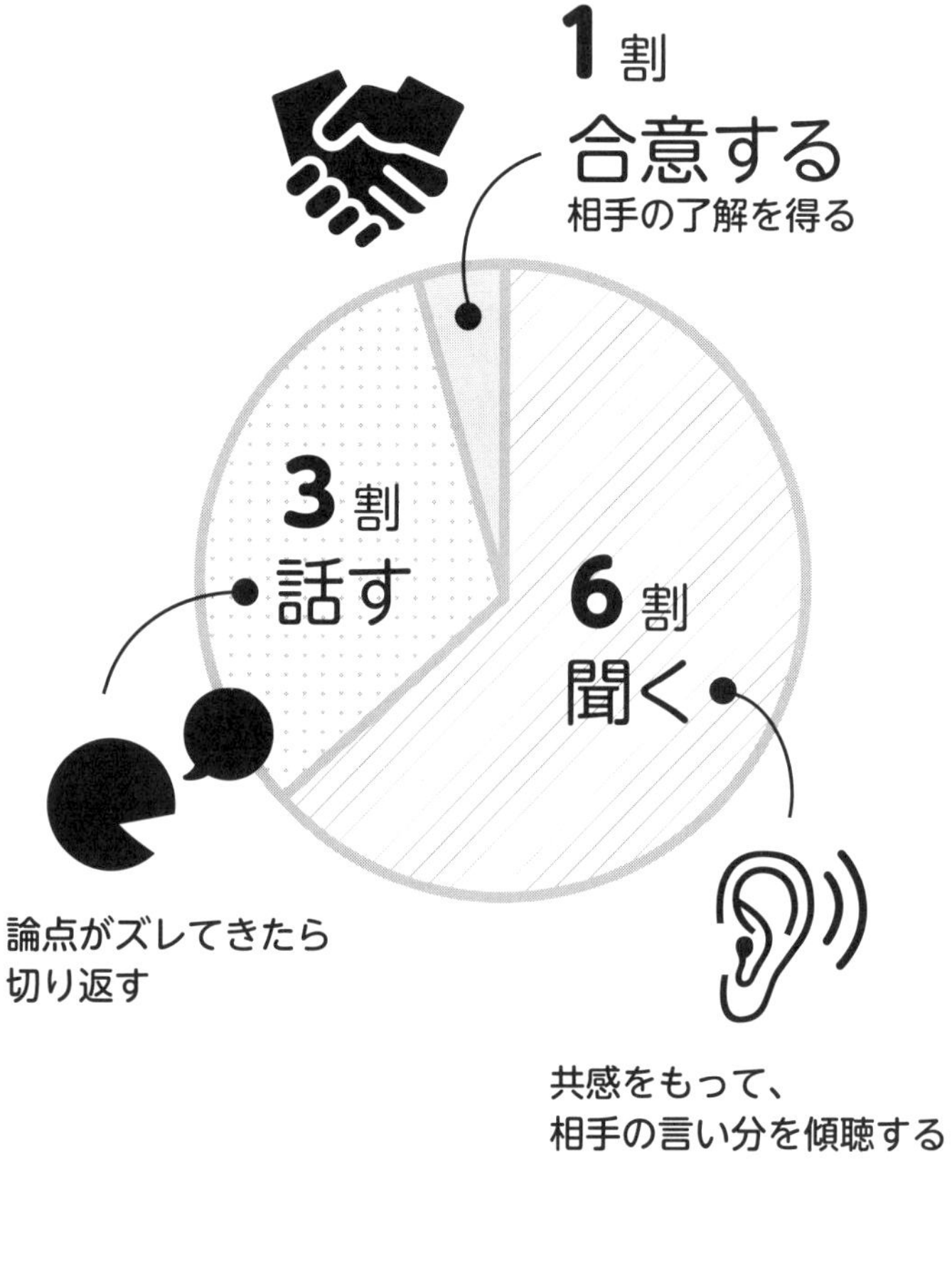
1割
合意する
相手の了解を得る
3割
話す
6割
聞く
論点がズレてきたら
切り返す
共感をもって、
相手の言い分を傾聴する

⇩⇩相手をクレーマーと決めつけない

人は見かけによらない――。

これは、クレーム対応でもいえることです。**いくら外見や口調が怖そうでも、それだけで相手をクレーマー扱いしない**ことが大切です。

もっとはっきりいえば、仮に相手がヤクザであっても、不当な要求がなければ、一般のお客様と同様に扱わなければなりません。反対に、上品な身なりをして、穏やかな口ぶりだからといって安心すると、足をすくわれることがあります。

この事例では一見、ヤクザのような風体のお客様ですが、はじめから悪意があるわけではありません。当然、**相手の言い分を傾聴して、クレームの実態を把握する**ように努めます。

その際、もっとも重要なのは、**途中で話の腰を折らない**ことです。そうすれば、相手は「言いたいことはすべて話した」という満足感を得ることができ、こちらは問題の核心が見えてきます。

この事例では、店長がお客様の言い分を聞き終えるまで、余計なことを口にしなかったのは正しい判断です。従業員の接客態度や、待たされたことへの不満に話題が飛ぶこともありますが、話を一通り聞いたことで「カーナビを早く使えるようにしてほしい」ということが、最大の要望だと予測がついたのです。

このあとで、「聞く」から「話す」に移行します。

その際、**お詫びという形で、クレームの「枝葉」の部分を切り落とす**こともポイントです。つまり、従業員の接客態度と待たせたことに対するお詫びです。そのうえで、クレーム解決のための提案をしています。

こうした提案に対して、相手の反応を見ます。ここでお客様が納得しなければ、次のステップに移行しなければなりませんが、そうでなければ一件落着です。

この事例では、代替品のカーナビを持ち帰ったということで、購入には至っていないのですが、クレームは解決したといっていいでしょう。

このように、「聞く」と「話す」では、「聞く」ほうに重点が置かれます。クレームの内容にもよりますが、目安として**「聞く6割」「話す3割」、そして残り1割が、相手の了解を得るための「合意」**と心得ておくといいでしょう。

●「傾聴」から「提案」へ●

傾聴　聞く

- 外見や口調で相手を判断しない
- あいづちを打ちながら、相手の言い分を聞く
- 途中で話の腰を折らない

↓

提案　話す

- お詫びという形で、
  クレームの「枝葉」を切り落とす
- 相手の要望に沿った具体的な提案をする

初期対応の「3点セット」で円満解決！

私は、すでに述べた**「お詫び」「共感」に「傾聴」を加えて、初期対応の「3点セット」**と呼んでいます。

この3つには、共通することがあります。それは、「相手の心を開く」という効果です。一時的な怒りを爆発させたクレーマーに対しては、まず冷静になってもらわなければなりません。そのためには、こうしたプロセスが必要なのです。

担当者の対応がよければ、クレーマーがお得意様になることもあり得ます。したがって、クレームの初期対応では、できるだけ相手と良好な関係を継続できるように、円満な解決を目指すことになります。

しかし、すべてのお客様（クレーマー）が、この段階で納得するわけではありません。クレーマーとの本格的な駆け引きが繰り広げられるのは、ここからです。クレーム担当者にとっては、悩ましい限りです。

そこで次章からは、もっと厄介なクレームについて詳しく解説していきましょう。

第３章

「しつこい
クレーマー」を
現場でさばく

相手の目的も背景もわからないなかで、クレーマーと向き合うのは、非常にストレスを感じます。しかし、ここで対応のしかたを誤ると泥沼に突入。冷静に状況を判断し、ソフトランディングを目指す実践テクニックを伝授します。

クレーマーの目的と計画を探る Section 1 事例

録音してますよ！

社員のキモチ

えっ、そこまでするの？

ホームセンター本店の営業部に所属する沢田和夫は、誠実な人柄と精力的な仕事ぶりで、若手ホープとして期待されている。

その日、取引先との商談を終えて帰社すると、営業アシスタントの女性から声をかけられた。

「10分ほど前に、お客様がいらっしゃいました。いま、応接室でお待ちです」

「誰？」

「当社で購入した商品に不具合があるとおっしゃっています。とくに誰かを指名しているわけじゃありませんが、ほかに誰もいないので、対応していただけませんか？」

「わかった」

沢田は、さっそく応接室に向かった。〈なぜ、わざわざ来社したのだろうか〉と思いながら、ドアを開けた。自分でも緊張しているのがわかったが、ソファに腰をかけている相手を見て、ホッとした。かすかに笑みを浮かべた中年女性だったからだ。

「私、沢田と申します。**わざわざお越しいただき、恐れ入ります。今日は、どのようなご用件でしょうか？**」

こう切り出すと、女性は購入商品のレシートを見せて言った。

「この電動工具、故障しているから返品するわ。ほかの商品と交換するか、代金を返してちょうだい」

沢田はレシートを確認した。たしかに自社で販売したものだが、購入日は約１カ月前だった。

「ご迷惑をおかけして、誠に申し訳ございません。どのような不具合でしょうか？」

女性は、「モーターの回転が遅いようだ」「使っていると、すごく熱くなる」などと、商品への不満を口にするが、いずれも感覚的なものだ。沢田は慎重に言葉を選んで、こう答えた。

「さようでございますか。それでは、さっそく商品の点検・修理を行いますので、いったん現品を回収させていただけるでしょうか?」

するとと、女性は眉間にシワを寄せて言う。

「どうして、すぐに交換してくれないの?」

沢田は、〈参ったなあ〉と心のなかでつぶやく。

「申し訳ございません。現時点では、初期不良かどうか判断がつきませんので、まずは商品を確認させていただけるでしょうか?」

「それは無理。明日から使いたいのよ」

「申し訳ございません」

沢田はこう言って、頭を下げた。すると、女性の口調がガラリと変わった。

「さっきから、謝ってばかりだけど、それしかできないの!」

女性はさらに、たたみかける。

「もし、高熱で火傷でもしたら、どうしてくれるの?」

沢田はうなずきながら話を聞いていたが、女性はますますヒートアップする。

「あなた、『はい』としか言えないの！」

沢田は再度、事情を説明しようとした。

「先ほど、申し上げましたように、まずは商品を点検させてください。また、電動工具であれば、本体が熱を帯びるのはしかたがないことです」

これを聞いた女性は、沢田をにらみつけると、上着のポケットからＩＣレコーダーを取り出した。

「録音してますよ」

沢田は、予想外の展開に困惑した。

お客のキモチ
タダでほかの機種と交換できないか？

50歳を目前に控えた桜田洋子は、夫との二人暮らし。日曜大工は夫の趣味だったが、それに付き合ううちに、どっぷりはまってしまった。いまでは、夫よりも腕前を上げている。

桜田はもともと勝ち気な性格だが、それに加えて完璧主義なところがある。少しでも気に入らないことがあると、我慢できない性分だ。先月購入した電動工具についても、使っているうちにだんだん不満をもつようになった。

〈使い勝手がイマイチ。それに、なんといっても重たいわ〉

桜田は、財布のなかからレシートを探し出した。そして、ICレコーダーという「武器」を片手に、ホームセンターを急襲した――。

社員のキモチ

本音はどこにあるのだろう？

「録音してますよ」という一言は、一般客からのクレームに慣れていない沢田にとってショックだった。

〈もし、高熱で火傷……熱を帯びるのはしかたがない……まずいことを口走ったかな〉

しかし、「もしも……」を前提に話し合いを進めることはできない。そんなことをしたら、相手の言いなりだ。

沢田は気持ちをリセットして、桜田の真意を確かめるための質問を始めた。

「お客様、もう少し詳しく状況を教えていただけませんか？」

桜田はムッとして答える。

「だから、なんども言ってるでしょ。モーターの動きや高熱だって……」

「**さようでございますか**。ほかになにか、お気づきの点はございませんか？」

「そうね。ちょっと重いわね」

「**ごもっともです**。この商品は多機能なのですが、やや重いのが難点ですね」

「でしょ。私、日曜日はいつも大工仕事なのよ。たまに使うなら、これでもいいんだけど、そうはいかないの。もっと軽いほうがよかったわ」

桜田の本音が透けて見えてきた。沢田は思った。

〈この商品が気に入らないんだな。きっと、不具合を口実にして、ほかの機種に代えたいんだろう〉

沢田は素知らぬ顔で、こう提案してみた。

「お客様、たしかにこのモデルは、女性が使うには少し重すぎるかもしれません。お手元の商品を下取りすることもできるので、**ご検討いただけませんか？**」

「えぇ？」

桜田は不満げな表情を見せたものの、それ以上はなにも言わなかった。

本音を引き出す質問の３ステップ

STEP 1
お願いモード
話しやすい雰囲気をつくり、
相手の話を傾聴する

↓

STEP 2
気合いモード
相手の話に調子を合わせながらも、
気合いを入れて本音を探る

↓

STEP 3
追及モード
クレーム解決に向けて、
こちらから提案し、相手に同意を求める

⬇⬇ 質問するときにも当てはまる「6・3・1の法則」

クレーム対応では、「言った、言わない」の水掛け論にならないように、会話を録音することは重要です（135ページ参照）。

ところが、クレーマーから突然、「録音してますよ」と言われると、それだけでひるんでしまう担当者は少なくありません。クレーマーはそのことをよく知っています。また、自分に都合のいい部分だけを抜き出して、ネットに流すような悪質なケースもあります（95ページ参照）。

もちろん、まったく悪意のないお客様でも、無用なトラブルを避けるために会話を録音することがあります。しかし、この事例のように、「録音している」というフレーズがクレーマーの「標準語」になっていることは確かです。

このようなケースでは、録音されていることに過敏にならず、落ち着いてクレームの実態を見極めることが必要です。前章でも、クレームの実態把握について述べましたが、しつこいクレーマーに対しては、もう一歩踏み込んだ対応をしなければならないのです。

そのためには、上手に質問して、相手の本音を引き出す必要があります。ただし、**はじめから次々と、核心に迫る質問を繰り出すのは禁物**です。

この事例でいえば、「なぜ、故障と言い切れるのですか?」「高熱とは、どの程度ですか?」などと矢継ぎ早に質問しても、まともな答えは返ってこないでしょう。

そこで、質問するときは3つのステップを踏むようにします。私は、警察官時代に身につけた職務質問の技術をもとに、この方法を編み出しました（左ページ図参照）。

具体的には、まず「お願いモード」で、相手の言い分を傾聴します。

次は「気合いモード」で本音を探ります。あいづちを打ちながら傾聴しつつ、相手の言動におかしなところがないか、神経を集中して観察するのです。

そして最後は「追及モード」。本音を引き出せたら、それを念頭に置いた解決策を提示して、相手に同意を求めます。

前章で、「聞く」「話す」「合意する」は6対3対1になると述べましたが、じつは質問するとき、**「お願いモード」「気合いモード」「追及モード」も、それぞれ6・3・1の割合**と考えていいでしょう。いわば、「6・3・1の法則」です。

●『６・３・１の法則』で質問する●

本音を引き出せたら、こちらから解決策を提示して、「**ご検討いただけませんか？**」などと相手に同意を求める

〈職務質問では……〉
不審な点があったら、所持品の提示や交番への同行を求める

「さようでございますか」「ごもっともです」などとあいづちを打ちながら、相手の言動をじっくり観察する

〈職務質問では……〉
「なるほど」などとあいづちを打ちながら、相手の不審点を探す

「わざわざお越しいただき、恐れ入ります。ご用件はなんでしょうか？」などと相手を促し、言い分を傾聴する

〈職務質問では……〉
「お急ぎのところ申し訳ありません」などとやさしく話しかける

Section 2 ゴネ得を狙う相手には決して負けない　事例

こんなものでは納得できん！

この際、思い切って吹っかけてやろう

お客のキモチ

「なんだか、腹の調子が悪いな」

柴田浩二は、トイレに駆け込んだ。

〈どうして、下痢なんかになったんだ！ チキショー〉

柴田はムシャクシャしていた。家族で切り盛りしている工務店の経営が行き詰まっていたからだ。

ため息をついて、ふとキッチンに目をやると、ロールケーキの包装紙がテーブルにある。前日、ターミナル駅の商店街で、妻と2人の子どもの分を合わせて4人分のロールケーキを買っていた。

〈もしかして……〉

柴田は包装紙を調べてみた。すると、うっすらとカビのようなものが付着している。確証はないが、ロールケーキが原因で下痢になったとしたら、ひどい話だ。文句のひとつも言ってやらなければ、それこそ腹の虫がおさまらない。

「おい、腹が痛くないか？」

柴田は妻や子どもに聞いてみた。

「なんともない」

「ちょっとヘンかな」

どうもはっきりしない。そこに、知り合いの弁護士から電話が入った。用件はたいしたことではなかったが、話のついでにこう尋ねた。

「もし、外食で食中毒を起こしたら、その補償はいくらぐらいになる？」

「どうして、そんなことを聞くんですか？」

「別にどうこうというわけじゃない。参考までに知っておきたいだけだ」

「そうですか。一概には言えませんが、重症の場合、治療費と賠償金を合わせれば、結構な金額になります。十数万円といったところじゃないですかね」

柴田は受話器を置くと、電卓を叩いた。

「一人15万円として、４人で60万円か」

柴田はゆがんだ表情を見せた。

店長のキモチ できないものは、できない！

「ロールケーキを食べて、家族４人が食中毒だ。見舞金として60万円を請求する」

洋菓子店の店長を務める篠山健太郎は、柴田の言葉に耳を疑った。

「どういうことですか？」

「カビがはえていたんだよ。ほら、レシートもある」

「そんなはずはありません。なにかの間違いでしょう」

篠山が店長を任されてから10年以上になるが、これまで一度も食中毒など起こしたことはない。とはいえ、お客様をむげに追い返すのも気が引ける。

「ご賞味いただけなかったのは残念です。できたてのロールケーキがございますので、召し上がってください。割引券も入れておきますので、ご利用ください」

篠山はこう言って、包みを差し出した。しかし、柴田は受け取らない。

「**こんなものでは納得できん！**」

「そうおっしゃられましても、製造過程でカビがはえることは、まず考えられません」

篠山はロールケーキの作り方についても説明したが、柴田は執拗に食い下がる。

「もし、俺が保健所に駆け込んだら、お宅は営業停止になるぞ」

プロ顔負けの脅し文句だ。篠山は一計を案じた。

〈ここは、あの作戦でいこう〉

「お客様、恐れ入りますが、**私一人では判断できません。大切なことですから、しっかり協議してお返事いたします**」

「だめだ。俺は忙しいんだ。こんなことにいつまでもかまっていられるか！」

「**お急ぎかもしれませんが、いますぐというわけにはいきません**。どうか、協議する時間をください」

篠山は丁寧な口調だが、きっぱりと言い切る。

「協議した結果をお知らせいたしますので、ご連絡先を教えていただけますか？」

柴田は、この問いかけには答えず、その場から立ち去った。

ギブアップトークで過剰要求を受け流す

必勝フレーズ①

私一人では判断できません

必勝フレーズ②

大切なことですから、
しっかり協議してお返事いたします

必勝フレーズ③

お急ぎかもしれませんが、
いますぐというわけにはいきません

⇩⇩ 悪質なクレームには「ギブアップ」してみせる

一昔前には考えられなかったクレーマーが、巷にあふれ返っています。相手の些細なミスをあげつらって、法外な要求をする消費者はその代表でしょう。

この事例では、店側に落ち度はないと推測できますが、それでも確固たる証拠があるわけではありません。そこに、「保健所に駆け込む」などと言って恫喝されれば、店側は対応に苦慮します。

こうしたクレーマーに対しては、まず**「即答できない」ということを繰り返し伝えること**が効果的です。私は、この話術を「ギブアップトーク」と名付けています。

店長の「作戦」は、まさにこれです。「私一人では判断できない」と言って、ギブアップして見せているのです。

「判断できないなら、責任者を呼べ」

こう突っ込まれるんじゃないかと心配になるかもしれませんが、その際は「現場の責任者は私です」と答えます。

するとこんどは「責任者なら、この場で判断できるだろ！」と追い打ちをかけられることも予想されます。しかし、そのときは「はい、たしかに責任者は私ですが、大切なことですから、しっかり協議してお返事いたします」と、ギブアップの姿勢を崩さないようにします。しかし、まだ食い下がってくるクレーマーがいます。

「それでも責任者といえるのか？　頼りない奴だな」

こんなふうに言われると、ムカッときて「だったら、どうすればいいんですか？」と反論したくなるものですが、それではクレーマーの思うつぼです。「そうだなぁ、お前の男気に免じて、これぐらいでどうだ？」などと要求してくるでしょう。

こうした揺さぶりには、「はい、情けないことです」と言ってかわします。

また、連絡先を尋ねても、プライバシーを盾に拒否されるかもしれませんが、「協議のうえ、ご連絡するために教えてください」と伝えます。

ギブアップトークによって、「しつこいクレーマー」の相当数は引き下がります。また、さらに手強い「詐欺師まがいの連中」を手詰まりに追い込むこともできます。

ギブアップトークは、悪質なクレームに対応するときの基本話術なので、ぜひ覚えておいてください。

●ギブアップトークを切り返されたら……●

私一人では判断できません

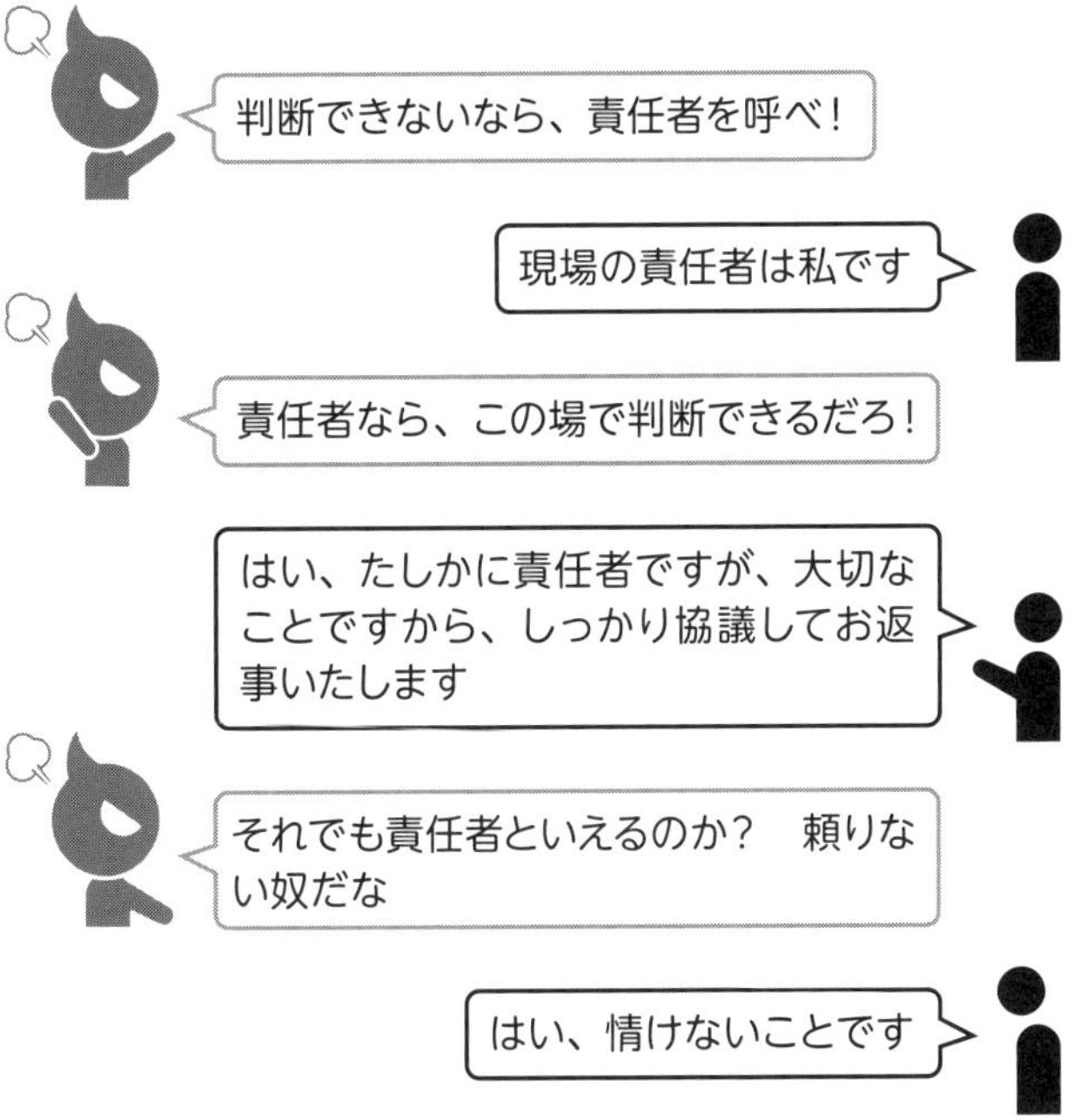
判断できないなら、責任者を呼べ！
現場の責任者は私です
責任者なら、この場で判断できるだろ！
はい、たしかに責任者ですが、大切なことですから、しっかり協議してお返事いたします
それでも責任者といえるのか？　頼りない奴だな
はい、情けないことです

なにを言われても「ギブアップの姿勢」を崩さない

Section 3 クレーマーの常套句を上手にかわす　事例

ネットで流すぞ！

お客のキモチ

こんどはいくら儲かるかな？

須藤恭一は、机の引き出しを開けてほくそ笑んだ。目の前には、さまざまな商品券や優待券が並んでいる。すべて、店舗や企業へのクレームでせしめた「戦利品」だ。

数年前、須藤は通信販売で購入した衣料品が汚れていたことに腹を立て、販売会社に怒鳴り込んだ。すると、代替品だけでなく、2万円相当の商品券が手に入った。

〈こんなことが本当にあるんだ〉

これに味をしめた須藤は、ことあるごとにクレームをつけるようになった。

購入した商品にちょっとでも瑕疵《かし》があれば、すぐに苦情電話をかける。商店やレストランでは、店員の接客態度にイチャモンをつける。そうすると、「お詫びの品」を差し出されることが少なくない。

しかも、その「成功率」は回数を重ねるごとに上がっていった。いまでは、「クレームのネタ」を探すのが日課であり、楽しみになっている。

その日、須藤は自信満々で、ターゲットの紳士服売り場に向かった。

社員のキモチ

きっと常習クレーマーだな

お客様相談室のマネジャーである菅原博之は、数日前に店長から連絡を受けていた。

「菅原さん、ねちっこいお客様に手を焼いています。毎週土曜日に来店して、『まだセールはやらないのか』とか、『店員の態度が冷たい』などと文句を言っています。ほかのお客様の手前もあって、ほとほと困っているんです。先日もそのお客様と話したんですが、ラチが明かないので『本部の責任者に会わせる』と言ってしまいました」

「嫌がらせは、いつからなんですか？」

菅原は〈そろそろ、自分の出番かな〉と思いながら、これまでの経緯を尋ねた。

「じつは3カ月前、そのお客様が当店でカジュアルスーツを購入されました。その際、裾上げが1センチほど違っていたのです。というか、お客様からそのような申し出がありました。それが発端ですね」

「その一件は片付いたんですか？」

「それが微妙なんです。裾上げはすぐにやり直して、お客様にもご了解いただいたんですが、品物を渡したときに『これで、終わりってこと？』と不服そうでした。帰り際には『こんどはサービスしてよ』と、捨てゼリフのように言われました」

菅原は、その男性客――須藤が常習クレーマーだと直感した。そこで、須藤が来店するはずの土曜日に店舗で待機した。


「今日も繁盛してますね」

妙に大きな声がして、菅原は店の出入り口を見た。店長は目配せで、その声の主が須藤であることを伝えた。

菅原は須藤に駆け寄り、一通りの挨拶とお詫びをしたあと、本題に入った。

まずは、店長の話をもとに事実関係の確認だ。ところが、途中で須藤が口をはさんだ。

「まあ、そんなところだよ。店員の態度は悪いし、なかなかセールをやらないし……。だいたい、裾上げも満足にできない。おかげで、楽しみにしていたパーティーに着て行くことができなかった。それなのに、なんの謝罪もない」

「さようでございますか。それは誠に申し訳ございません。改めてお詫びいたします」

「それで謝罪しているつもりか？」

須藤は少し声のトーンを上げた。そして、二の矢を放つ。

「それに、店長は『近々、セールをやりますので、ぜひ来てください』と言っていたのに、いつまで経ってもセールが始まらない。毎週、楽しみにしているんだよ」

菅原は、須藤の話術に舌を巻いた。嫌がらせで来店しているのではないと、暗にほのめかしているからだ。

「セールの開催につきましては、店長の一存で決められるわけではありません。『近々』というのは、今週、来週の話ではないんです。この点はご了承ください」

「それならそうと、店長がはっきり言ってくれればいいんだよ」

「申し訳ございません。店長には私から厳しく言っておきます。セール開催の折には、ご案内状をお送りいたしますので、ご連絡先を教えていただけますか？」

　悪質クレーマーは、自宅の住所を知られたくない。菅原は須藤にプレッシャーをかけたつもりだったが、須藤が一枚上手だった。

「いつも来ているから大丈夫。連絡先なら、携帯電話を教えてある」

　菅原は、相手の出方を待った。しばしの沈黙。そして須藤が口を開く。

「せっかく、本部のマネジャーさんにお会いできたんだから、この際、きちんと謝罪してもらいたいんだけど……」

「と、おっしゃいますと？」

　菅原はとぼけて尋ねた。

「裾直しのとき、こんどサービスしてくれると言ってたでしょ」

　菅原は、「捨てゼリフ」のことを指しているのはわかっていたが、あえて触れない。

「サービスとおっしゃいますと？」

「それは、そちらで考えることでしょう」

「具体的には、どのようなことでしょうか？」

　こんどは、須藤が苛立ってきた。

「ちょっと考えてみてよ。裾直しでミスって、セールの約束も守らない。店員の態度は最悪。こんな店、世の中にそんなにないよ」

「申し訳ございません。今後、従業員教育を含めてサービスの向上に努めて参ります」

「そんなありきたりな言葉で、僕が納得すると思う？」

じわじわと緊張が高まる。そして突然、須藤が声を荒げた。

「**ネットで流すぞ！**」

菅原は鋭い視線を感じた。しかし、ここでうろたえたら負けだ。おっとりした口調で応じる。

「インターネットですか。**困りましたね**」

「それなら、流してもいいんだな」

「**困りましたね。でも、お客様のお考えですから、それに対して私どもがとやかく言える立場ではありませんから……**」

菅原には勝算があった。須藤が金品目的のクレーマーなら、ネットに流してわざわざ事を大きくするような真似はしないと踏んでいたからだ。

予想通り、須藤の勢いはここで止まった。

「K言葉」で“のれんに腕押し”に持ち込む

困りましたね

でも、私どもがとやかく言える立場ではありませんから

苦しいです

苦しくて、どうしようもありません

怖いです

怖くて、なにも考えられません

⇩⇩「Ｋ言葉」は究極のギブアップトーク

「ネットで流すぞ」というセリフは、いまやクレーマーの常套句になっています。かつては、「マスコミに言うぞ」というのが決まり文句でしたが、インターネットの普及によって、その座を明け渡しました。

誰でも簡単にアクセスできるインターネットは、クレーマーにとって強力な武器です。最近は、ネット空間での口コミによる「風評被害」が広がっています。たとえば、グルメ情報サイトの書き込みは、料理店にとって通信簿のようなものです。

この事例は、クレーマーのなかでもとくに悪質なタイプですが、もともとは「善良な市民」です。言い換えれば、誰でもタフなクレーマーになれるのです。そこが、ネット社会の恐ろしいところではないでしょうか？

しかし、対抗策はあります。もっとも効果的なのは、「相手にしない」ことです。つまり、「ネットで流すぞ」という脅し文句に対しては、「困りましたね」などという言葉で受けて、「ギブアップ」を演じるのです。

先に述べた「ギブアップトーク」と同様に、「私ではどうにもならない」ということを伝えて、さっさと土俵から下りてしまえばいいのです。

それでも、ネットに流されたら、法的手段も視野に入れます。

このほかに「**苦しいです**」「**怖いです**」というフレーズも効果的です。私は、これらを「**K言葉**」と名付けています。

たとえば、クレーマーから怒声を浴びせられたら、「怖いです。怖くて、なにも考えられません」と、お手上げ状態を演じます。いくら相手がプッシュしてきても、「のれんに腕押し」「ぬかに釘」に持ち込めば、こちらの勝ちです。

いわば、「K言葉」は究極のギブアップトークなのです。

もちろん、K言葉が威力を発揮するのは、「ネットに流すぞ」と言われたときだけではありません。左ページの図で示したように、さまざまな場面で有効です。

ここで注意しなければならないのは、相手の脅しに対して、「**やめてください**」**とは言わない**ことです。たとえば、「ネットで流すぞ」と言われて、思わず「やめてください」と答えてしまうと、「それなら、サービスしてくれるってことなんだな」などと、どんどん攻め入ってくるからです。

●こんな脅し文句はＫ言葉でかわせばいい●

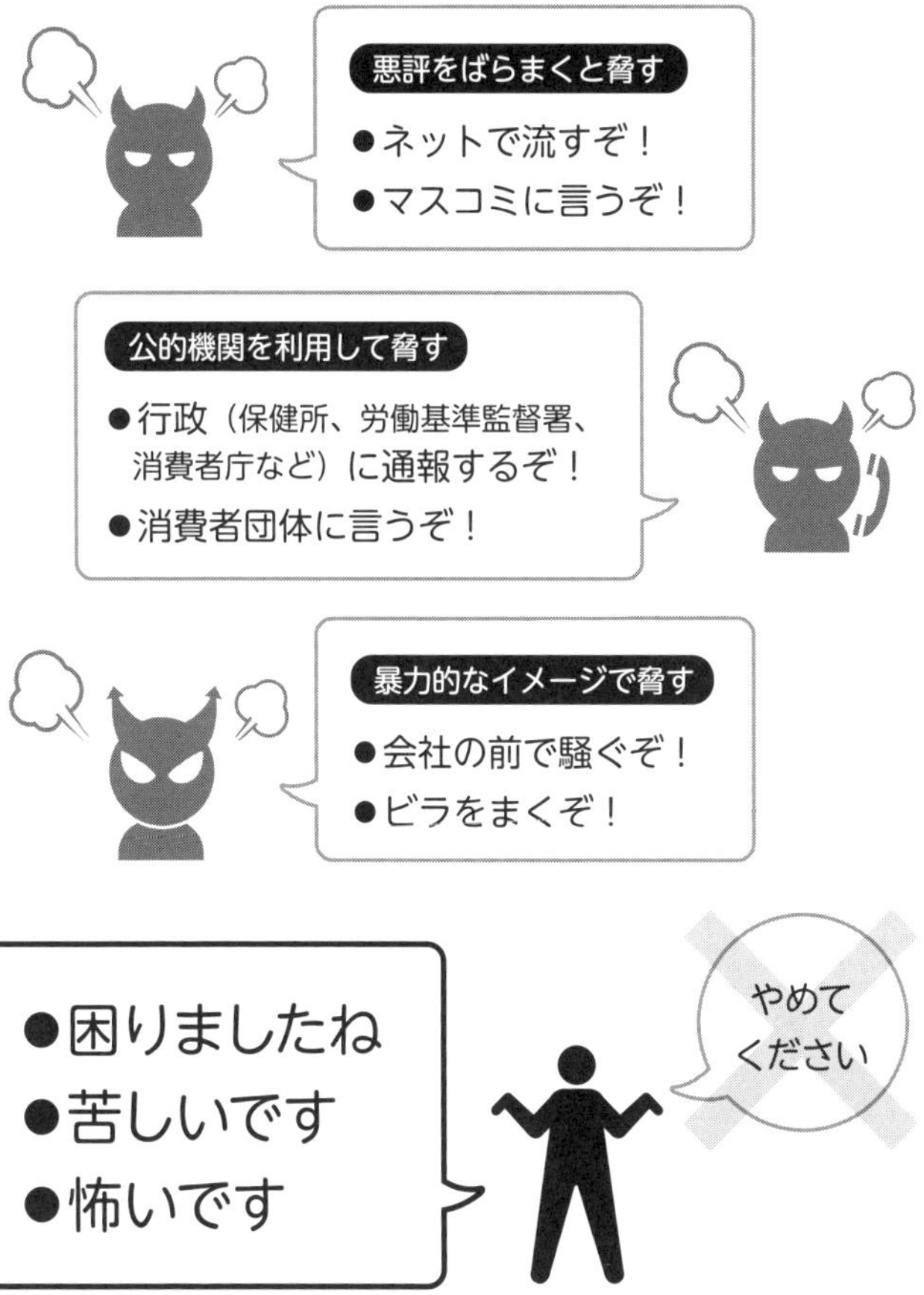
悪評をばらまくと脅す
●ネットで流すぞ！
●マスコミに言うぞ！
公的機関を利用して脅す
●行政（保健所、労働基準監督署、消費者庁など）に通報するぞ！
●消費者団体に言うぞ！
暴力的なイメージで脅す
●会社の前で騒ぐぞ！
●ビラをまくぞ！
●困りましたね
●苦しいです
●怖いです
やめてください

激しい思い入れに引き込まれない Section 4 事例

私の気持ちはどうしてくれるのよ!

お客のキモチ 大切な思い出をメチャクチャにされた!

「なにやってんのよ!」

瀬川陽子は、思わず声を張り上げた。ウエイターが手元を狂わせて、ワイングラスを倒したのだ。テーブルクロスは一面、薄赤く染まった。

「申し訳ございません」

ウエイターは平謝りで、ダスターとタオルを持ってきた。

「お召し物は大丈夫でしょうか? すぐに新しいワインをお持ちいたします」

丁寧な対応だ。しかし、瀬川は怒りがこみ上げてくる。

「そんなことはどうでもいいのよ！　この画集、どうしてくれるの！」

ワインでびしょびしょになった画集を胸に抱えて、瀬川はウエイターをにらみつけた。

〈彼からプレゼントされた画集！　思い出がいっぱい詰まっているのに……〉

店長のキモチ

どうしてほしいのか、よくわからない

店長の関根卓也が騒ぎを聞きつけ、瀬川の席に駆け寄った。「おひとりさま」だった。

「誠に申し訳ございません」

最敬礼のお辞儀で謝罪すると、瀬川は涙ぐんでいる。関根は嫌な予感がした。

「とても貴重なご本を汚してしまい、申し訳ございません。すぐに手配いたしまして、できる限り早く、お客様にお届けいたします」

うつむいていた瀬川が、さっと顔を上げた。

「そんなこと、できるわけないじゃない！　これは、世界に１冊しかないのよ」

関根はいぶかしく思いつつ、こう尋ねた。

「もう手に入らないのでしょうか？　書店から取り寄せることはできませんか？」

「本屋にはあるわよ。でも、この本は彼からのプレゼントなの！」

関根はどうすればいいか、考えあぐねた。一方、瀬川はますます激高する。

「あなた、この価値がわかっているの！　弁償するというなら、いくらなのか、言ってみなさいよ」

関根が答えに窮していると、こう言い放った。

「100万円でも足りないわよ。彼とはもう会えないんだから」

関根は**口をつぐんだまま、次の言葉を待った**。

「今日は私の誕生日なのよ。一人じゃ、寂しいでしょ。だから……」

恨みがましい視線を向けられ、関根は手詰まりの状態。

〈参ったなあ。酔っ払っているようでもないし、どうしてほしいんだろう？〉

「お客様、誠に申し訳ございませんが、どのようにしてお詫びをすればよろしいでしょうか？」

関根は思い切ってこう切り出した。すると、瀬川はフーッと一息ついて話し始めた。

「彼とは、ヨーロッパ旅行にも一緒に行ったことがあるのよ。各国の美術館めぐりをしたわ。私たち、学生時代は2人とも美術部員だった」

関根は**あいづちを打ちながら、黙って聞いている**。

「私、もう絵を描いたりはしないけど、画廊に勤めているのよ。給料は安いけれど、けっこう楽しい」

徐々に、瀬川の機嫌が直ってきた。しかし、**いつまでも相手の身の上話に付き合っているわけにはいかない**。

「本日は大変ご迷惑をおかけし、誠に申し訳ありません。恐れ入りますが、この画集と同じものを取り寄せて、お客様にお届けいたします。よろしければ、お届け先を教えていただけないでしょうか？」

瀬川は関根を一瞥すると、金切り声を上げた。

「あなた、私の話を聞いてなかったの？　**私の気持ちはどうしてくれるのよ！**」

関根は、動揺を抑えてこう答えた。

「それについては、お詫びのしようもございません。ただ、私どもではどうすることもできません。どうかご勘弁いただけないでしょうか？」

瀬川はしばらく首を左右に振っていたが、しぶしぶペンとメモ用紙を手に取った。

「それじゃ、自宅に届けて」

実際に起きた「事実」に目を向ける

相手の感傷的な
「心情」
に引きずられない

相手が抱える
「裏事情」
に踏み込まない

長引く
「身の上話」
に付き合わない

⬇⬇相手のペースに巻き込まれたら危険

しばしば、クレームの実態を把握しようとして、**相手の話にのめり込んでしまい、かえって話をこじらせてしまう**ことがあります。

この事例は、激しい思い入れがクレームを生んだケースですが、クレーマーの気持ちに寄り添いすぎると、クレームの解決が遠のいてしまいます。

クレームが発生したら、**その場で起きている「事実」に目を向ける**ことが大切です。そのためには、ある程度、クールな対応をすることも必要です。

たとえば、**相手が嘆き悲しんでいても、そうした「心情」に引きずられない**ことです。

「ずいぶん、冷淡だなぁ」

こう思われるかもしれません。また、顧客満足の観点から「ＮＧ対応」だと非難する人もいるでしょう。

しかし、相手の心情を思いやるのはいいとしても、それに振り回されてはいけません。この事例でいえば、「ワインをこぼして画集を汚した」という事実がすべてです。女性客が涙ぐんでいても、それはそれとして、ひとまず脇に置いておきます。

また、**相手が抱える裏事情には、過度に踏み込まない**こともポイントです。クレーマーの生活ぶりや家庭環境などをこと細かに聞き出そうとする人がいますが、かえって話をややこしくする恐れがあります。

たしかに、悪質クレーマーの本性を暴くにはこうした情報も役立ちますが、相手のペースに巻き込まれることは危険だということを忘れないでください。

この事例では、「もう彼には会えないんだから」という女性客の言葉に、店長がなにも反応しなかったのは正しい判断です。

もう一つ大切なのは、**いつまでも相手の身の上話に付き合うのは避ける**ということです。話題があちこちに飛んで、収拾がつかなくなるからです。

この女性客は、はじめから悪意があったとは思えません。しかし、身の上話の相手を続けていると、話がどの方向に進むかわかりません。女性客は店長に愚痴を聞いてもらってスッキリするかもしれませんが、反対になにかの拍子でヘソを曲げてしまう恐れもあります。そうなってしまっては、元も子もありません。

●相手の気持ちに寄り添いすぎると……●

こんなふうに追い込まれるかもしれない

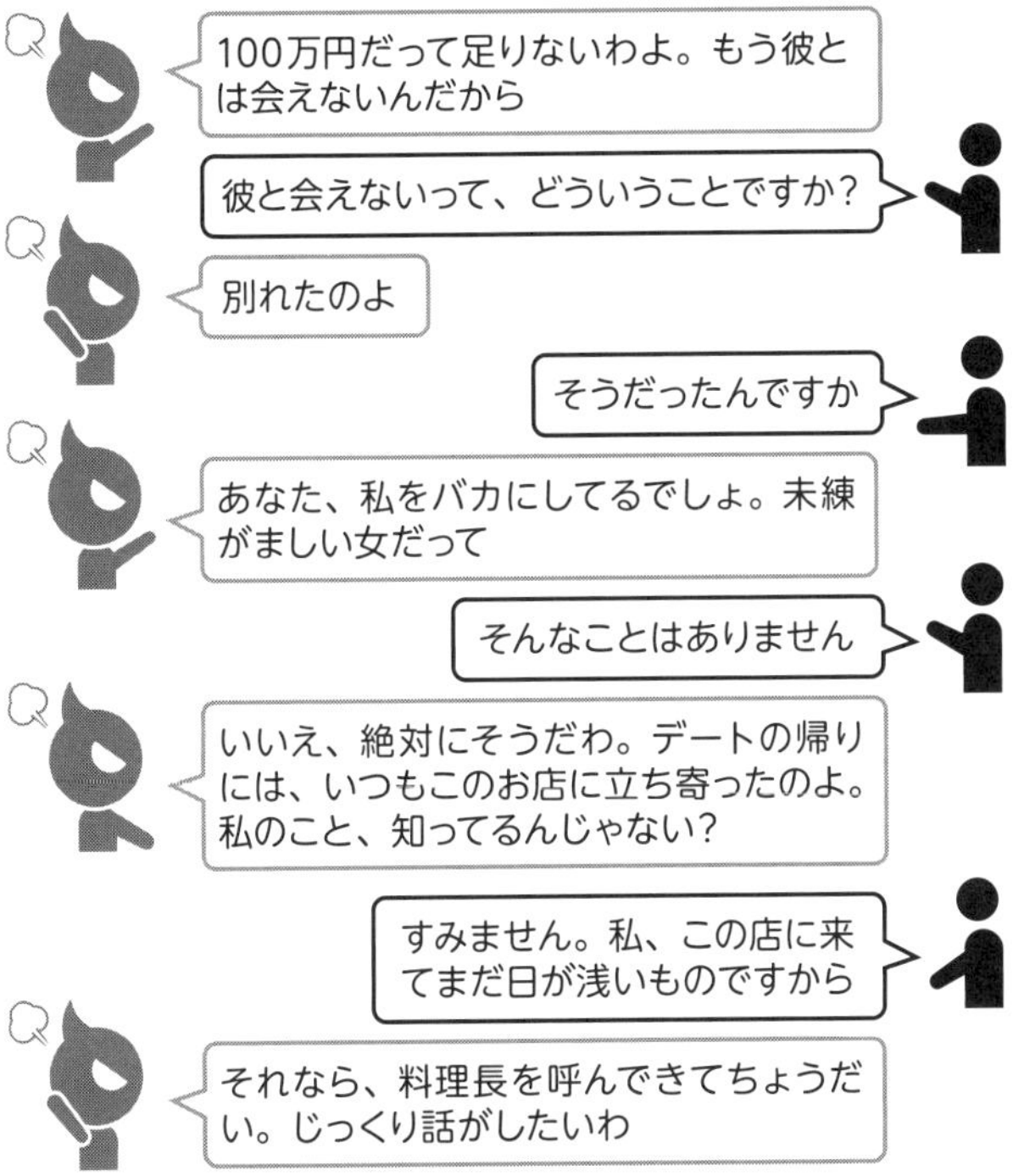
100万円だって足りないわよ。もう彼とは会えないんだから
彼と会えないって、どういうことですか？
別れたのよ
そうだったんですか
あなた、私をバカにしてるでしょ。未練がましい女だって
そんなことはありません
いいえ、絶対にそうだわ。デートの帰りには、いつもこのお店に立ち寄ったのよ。私のこと、知ってるんじゃない？
すみません。私、この店に来てまだ日が浅いものですから
それなら、料理長を呼んできてちょうだい。じっくり話がしたいわ

相手に悪意がなくても、
ペースに巻き込まれるのは避ける！

説教型クレーマーへの対応策 Section 5 事例

まだ話は終わっていない！

社員のキモチ

もう、うんざりだ！

〈また、あの爺さんだ！〉

食品売り場の主任に昇格したばかりの園田隆之は、一人の男性客の姿を見つけて気が滅入った。

〈よりにもよって、この忙しいときに……〉

この男性は、ちょっとしたことがきっかけで、園田と親しく言葉を交わすようになっていた。しかし、園田にとっては「うざったい爺さん」でしかない。

「こんにちは」

園田は、近寄ってきた男性に挨拶するが、

余計な愛想は振りまかない。一方、男性は満面の笑みを浮かべる。

「やあ、元気かね。昨日は顔を見なかったけど」

このところ、男性は毎日のように来店している。

「はい、なんとかやってます」

園田が返事をするのも待たず、男性は傍らの商品棚に視線を向けた。

「乳製品の品揃えだけど、パッとしないね。もう少し考えてみたらどうかね？」

園田は〈またか！〉と思った。

「チーズは、カマンベールの種類を増やしたんですが……」

「いや、そういうことじゃなくて、もっとブランドにこだわったほうがいいんじゃないのかな？」

園田は、数日前に男性から言われたことを思い出していた。

〈品揃えはブランドじゃなくて、プロの目利きが自分の目で選ぶものだ……こう言ったのは、いったい誰だよ？〉

男性の話にも一理あることはわかっているが、**毎度同じような説教を聞かされて、うんざりしていた**。前回は「目玉商品が見当たらない」、その前は「店内の照明が暗い」

という、ありがたい「ご指摘」だった。

「ブランドですか……」

園田は、この日も適当に話を合わせた。すると、男性は得意げに話し出す。

「そうだよ。もっと勉強しなさい。世界にはいろいろなチーズがあるんだよ。たとえば、イタリアではガルバーニという老舗ブランドがあるんだが……」

しばらくの間、園田はうなずきながら聞いていたが、店内は客であふれ返っている。

「いま、ちょっと忙しいんで」

しかし男性は、かまわず話し続ける。

「このガルバーニというブランドは……」

園田は、たまらず男性の言葉をさえぎった。

「すみませんが、仕事がありますので」

こう言って、園田は担当業務に戻ろうとした。そのとき、男性が怒鳴り声を上げた。

「**まだ話は終わっていない！** 客の相手をするのが仕事だろ！」

園田は、男性の怒りに満ちた表情を見て、思わず立ちすくんだ。

お客のキモチ

せっかく親切で教えてやっているのに！

曽我光男は定年後、悠々自適な年金生活を送っているが、なぜか心は満たされない。現役時代は、食品流通の分野でバリバリ仕事をこなしていたが、いまは社会との関わりも希薄になり、暇を持て余している。家族からも「粗大ゴミ」のような扱いを受けていた。

〈誰かと話がしたい〉と悶々とするなか、近所のスーパーで若い従業員と知り合った。ワインの値札が間違っていたので、そっと教えてやったのだ。

「こんな高級ワインが５００円のはずはないよ」

「そうですか！　すぐ確認します。ありがとうございました」

「園田」の名札を付けたその従業員は、顔を合わせれば、いつも笑顔で挨拶してくれる。しだいに、曽我は**スーパーに行くのが楽しみ**になっていた。ところが――。

〈親切で言ってやったのに、どうして、あんな態度をとるんだ！〉

曽我は、自分の感情をコントロールできなくなっていた。

応対する時間を長引かせない3つの方法

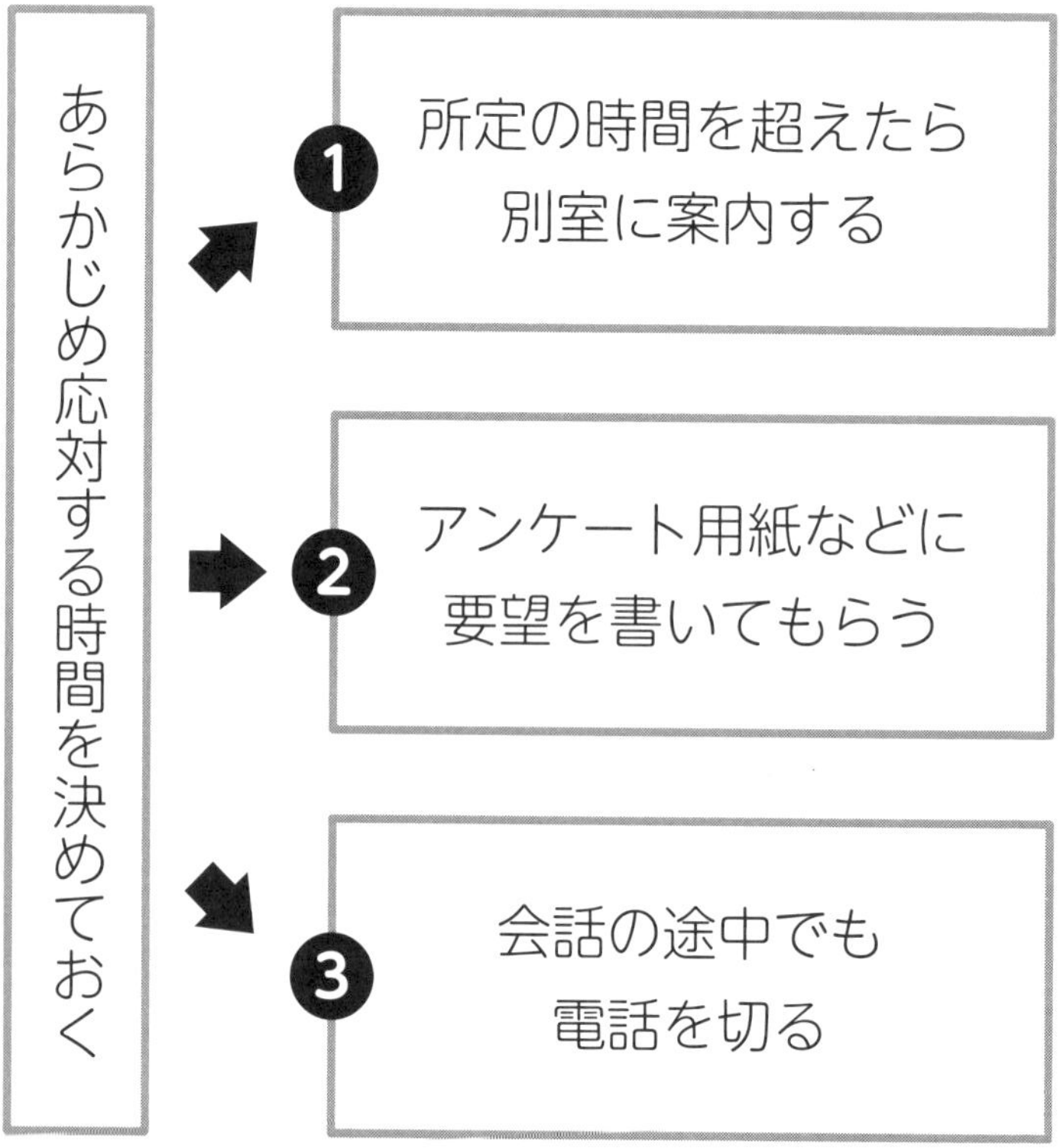
あらかじめ応対する時間を決めておく
1
所定の時間を超えたら別室に案内する
2
アンケート用紙などに要望を書いてもらう
3
会話の途中でも電話を切る

↓↓ 話を切り上げるコツとタイミング

最近、「説教型クレーマー」が目立っています。なかでも、現役時代に企業戦士として活躍した団塊世代が、引退後の虚しさを埋め合わせるように、理不尽なクレームをつけるケースが急増しています。

こうしたタイプのクレーマーは、商品やサービスに対して苦情を申し立てているのでもなければ、金品をせしめようとしているわけでもありません。説教すること自体が目的になっているため、放っておくといつまで経っても解放してくれません。また、相手の話の腰を折ると、簡単に逆ギレされてしまいます。

では、どうすればいいのでしょうか？

まず、**あらかじめ応対する時間を決めておく**ことが大切です。

たとえば、「クレームの発生現場での対応は5分以内」と決めたら、「お客様、恐れ入りますが、ここではほかのお客様のご迷惑になるので、こちらでお話をお聞きします」と**別室に案内する**のも一つの方法です。こうすれば、少なくとも現場での混乱は避けられます（長時間拘束されるケースについては160ページ参照）。

あるいは、**アンケート用紙などに要望を記入してもらう**のも効果的です。「申し訳ありませんが、いまは時間がありませんので、この用紙にご意見とともに連絡先を書いていただければ、あとでお返事いたします」と提案することもできます。この事例では、これが最適な方法といえるでしょう。

しつこいクレーマーからの長電話も悩ましいものです。

その場合は、**通話を短く区切る**のも一つの方法です。「誠に申し訳ございませんが、いま結論を出すことはできませんので、一度電話を切らせていただきます」などと丁寧に言いつつ、きっぱりと電話を切ってしまうのです。

「まだ話の途中だ！」と、すぐにまた電話がかかってくるかもしれませんが、そのときは、「先ほども申し上げましたように、いま結論を出すことはできません」と言って、電話を切ってしまいます。

延々とがなり立てることができるクレーマーも、2回目、3回目の電話をかけるには、それなりに気合いを入れなければなりません。何回もかけ直さなければならないとなれば、しだいに気力が失せてくるでしょう。

●団塊世代のクレーマーの３パターン●

激しい競争社会を生き抜いた団塊世代の一部は
クレーマーに変身してしまった！

1　世直し気取り

現役時代の「栄光」を支えにし、それまでに身につけた交渉術や知識を駆使して、企業や店舗の「あるべき姿」について持論を並べ立てる

2　八つ当たり

仕事人間だったことのツケが回ってきて家庭内で孤立。その寂しさを埋めるために、接客態度などにイチャモンをつける

3　引きこもり

現役引退後、生活のリズムが狂ってアルコール依存症やゴミ屋敷といわれるような暮らしをするようになる。酔ってクレームをつけるなど、常軌を逸した行動を起こす

心の底には「孤独感」や「焦燥感」が渦巻いている

行き過ぎた謝罪はむしろ不道徳 Section 6 　事例

土下座しろ！クビにしろ！

[店長のキモチ]

こちらが我慢するしかないのか？

突然、店内に怒声が響いた。

「なんだ、その態度は！」

30代と思しき男性が、レジ係の女性店員に向かって大声を張り上げた。

騒ぎを聞きつけた店長の田中修司は、男性のもとに駆け寄り、事務室に案内した。なにはともあれ、事情を聞かなくてはならないからだ。

激高する男性は、こうまくし立てた。

「釣り銭を片手で俺の手のひらに投げてよこした。客に対して失礼じゃないか！　しかも、そのことを注意したら、『すいません』としか言わない。本気で謝っているとは、とても思えない」

田中は、男性にお詫びする。

「たいへん失礼いたしました。ご不快な思いをさせてしまい、申し訳ございません。その者にはよく言い聞かせ、厳しく指導して参ります」

接客態度に対するクレームは、お客様の感性に左右される部分が大きい。ここで事実関係について議論しても、あまり意味はない。田中は、「謝って済む問題」に持ち込もうとした。ところが、男性に納得する気配はない。

「だめだ。その女をここに連れて来て、きちんと謝罪させろ」

田中はしかたなく、女性店員を事務室に呼んだ。青ざめた店員はしきりに頭を下げるが、男性はこう言い放った。

「**土下座しろ！**　そうしなければ許さないぞ」

こんどは田中に向かって言う。

「こんな店員は、**クビにしろ！**　店の評判にかかわるぞ」

女性店員はいまにも泣き出さんばかりだ。田中は店員をかばいたいが、反論することで男性をヒートアップさせたくはない。目を伏せて、罵声を聞き続けるしかなかった。

クレーマーの「強要」はキッパリ退ける

「社内規定」で厳正に対処することを伝える

「担当者の処分は、当社の規定に則って行います」

「人権」を守る意味で応じられないことを伝える

「人権上、そのようなことはできかねます」

相手の振る舞いが「違法」であることを伝える

「それは強要に当たりますので、私どもとしても看過できません」

↓↓土下座は相手に対する謝罪ではない

「土下座しろ」「クビにしろ」も、クレーマーがよく口にするセリフです。

クレーマーにしてみれば、相手に非をはっきり認めさせ、怒りをぶちまける場面です。なかには、さまざまな罵詈雑言で対応者の堪忍袋が切れるのを待つという、海千山千もいます（１９３ページ参照）。しかし、どんな場合でも、こうした要求はきっぱりと断ります。**社会通念上、明らかに行きすぎている**からです。

土下座を「真剣に謝罪する、誠実な態度」と評価する人がいるかもしれませんが、それは誤解です。クレーマーは土下座させることで、相手を「さらし者」にしているだけなのです。

言い換えれば、土下座は必ずしも相手に謝罪の意を示しているわけではありません。不祥事を起こした企業のトップが、謝罪会見の場で土下座することがありますが、それはマスメディアを意識した「ポーズ」ではないでしょうか？　一方、視聴者はそれを見て、日頃のストレスを発散しています。

また、お客様からクレームを受けたからといって、その従業員を解雇することは許されません。いうまでもなく、解雇された従業員が生活の糧を奪われるからです。

では、こうした暴言に対しては、どのような言葉で応じればいいのでしょうか？

まず、こちらの真摯な姿勢を示します。たとえば、この事例のように部下の接客態度に対するクレームであれば、「**社員教育を徹底するとともに、その者の処分は当社の規定に則って行います**」と伝えます。

また、土下座や解雇が、人としての尊厳や基本的人権を脅かすことだと伝えるのも有効です。「**お客様がそうおっしゃられても、人権上、そのようなことはできかねます**」などと述べます。

それでも納得しない相手には、土下座や解雇を強要することが違法であると通告します。たとえば、「**お客様は土下座しろ、クビにしろ、とおっしゃるのですね。それは強要に当たりますので、私どもとしても看過できません**」と言い切ります。

これが、もっとも確実な方法です。仮に企業側に落ち度があったとしても、担当者が土下座したり、従業員を解雇する義務はありません。もし、お客様が土下座や解雇を強要すれば、それは「**強要罪**」に当たります（221ページ参照）。

土下座の強要は犯罪である

ケース1

タオルケットに穴が開いていた。返品のため費やした交通費と時間を返せ

女性客（43 歳）が、札幌市内の衣料品店で購入した商品が不良品だったとして、店員に土下座をさせたうえ、自宅に来て謝罪することを要求。さらに、そのときの様子を携帯電話で撮影して、ツイッターに投稿した。北海道警は、この女性を強要の疑いで逮捕した。

ケース2

娘がいじめられて帰ってきた。身内がナイフを持って「いじめた相手のところに行く」と言っている

子どもが通う小学校の教諭に対して、母親（41 歳）は松葉杖で殴りつけたうえで、土下座を強要。滋賀県警は傷害や強要などの疑いで逮捕した。

**土下座を執拗に強要されたら
警察に被害届を出すのも一つの方法**

| 事例 | Section 7 | 「詫び状」でクレームが拡大することもある |

詫び状を書け！謝罪広告を出せ！

お客のキモチ

妻の身体が心配だ！

千葉敏夫は、和食ダイニングで妻と夕食を楽しんでいた。

「なにか、ドリンクを頼もうか？」

千葉は妻に尋ねた。

「そうね、ウーロン茶をもらうわ」

妻は、冷水が入っていたコップを脇によけて言う。千葉はビールのおかわりと、妻のためのウーロン茶を注文した。2人の前には、大皿に盛られた料理が並んでいるが、妊娠6カ月の妻は食が進まない。

千葉は、新妻をいたわる。

「身体の調子はどう？」

「なんともないわ」

妻が微笑を浮かべていると、ドリンクが運ばれてきた。ところが、妻はグラスに口をつけた途端、飲み物を吐き出してしまった。

「なにこれ、ウーロン茶じゃないわ！」

千葉は妻のグラスを取って、飲んでみた。

「これは、ウーロンハイだ！」

千葉は、店長を呼びつけた。

店長のキモチ

どうしてこうなっちゃうんだ？

店長の近田哲郎は、２人に平謝りである。

「誠に申し訳ございません」

しかし、赤ら顔の千葉は猛り狂ったように言う。

「妻は妊娠してるんだ。酒を飲んだら、お腹の子どもにどんな影響があるか、お前、知ってるのか？」

〈ちょっと口をつけただけじゃないか。考えすぎだろ〉

近田はこう思いながらも、お詫びの言葉を繰り返す。5分、10分と時間はどんどん経過するが、いっこうに千葉の怒りは収まらない。

「もし、生まれてくる子どもに障害があったら、どうしてくれるんだ！」

近田は、助け船を出してもらおうと傍らの妻に目をやるが、なにも言ってくれない。

「恐れ入りますが、どうすればよろしいでしょうか？」

千葉の目に力がこもる。

「**詫び状を書け！**」

以前、近田はヤクザ風の男性客にイチャモンをつけられ、同じことを言われた経験がある。そのときは、さすがに〈ヤバい〉と感じ、ギブアップトークで相手の要求をかわした。しかし、目の前の客はそんな輩ではないようだ。

夜9時を過ぎて、店内が混み合ってきた。近田は意を決して、こう応じた。

「どのように書けばいいのでしょうか？」

近田は言われるがままに、ペンを走らせた。

『本日、ウーロン茶をご注文の奥様に、ウーロンハイを提供してしまいました。ご迷惑をおかけして誠に申し訳ございません。今後、このようなことがないように、従業員の指導を徹底いたします。奥様のご健康には誠意をもって対応させていただきます』

日付を入れ、署名・捺印して手渡した。

「証拠」として伝票も持っていかれたが、〈なんとか切り抜けたな〉と、近田は２人を見送りながら胸をなでおろした。

翌日の夕方、店の電話が鳴った。千葉からだった。おずおずと近田が電話に出ると、千葉は激しい口調で責め立てる。

「詫び状には**『誠意をもって対応する』と書いてあるが、具体的にはどうするつもりだ？** 子どもに障害があったら、どう責任をとるんだ！ 子どもが生まれてから、カネで補償するとでも言うのか？」

受話器を持つ手が震えた。口からは、なにも言葉が出てこない。

怒声は続いた。

「こんな失態を演じて、このままやり過ごすつもりじゃないだろうな。お宅は全国チェーンだろう。ミスを公表して、**謝罪広告を出せ！**」

詫び状を出すときの3つの注意点

POINT 1

その場で書かないで
いったん案件を持ち帰る

POINT 2

文面は弁護士などの専門家と
事前に相談する

POINT 3

示談書を交わすときは
領収証も受け取る

↓↓ 文書の一人歩きに要注意！

こちらのミスでクレームが発生し、お客様の怒りがなかなか収まらないとき、詫び状を出して解決を図ることがあります。詫び状が誠意の証しになるわけです。しかし、安易に詫び状を書いてしまい、問題をややこしくしてしまうこともあります。この事例では、店長がその場で詫び状を書いたのは失敗です。

相手が誰であろうと、詫び状を書くときには「**いまは、お詫びすることしかできません。詫び状については、私の一存で書くことはできません**」と伝えて、いったん持ち帰るようにします。そして、**上司や弁護士などの専門家と相談して、文面をまとめる**ことが必要です。そうしないと、あとで言いがかりをつけられる恐れがあります。

この事例では、男性客に追及されたように「誠意をもって対応させていただきます」という一文が命とりになっています。なぜなら、この表現自体に問題はないものの、この文章だけでは全面的な補償を約束したようにも解釈できるからです。

実際には、胎児への影響は極めて少ないと思われますが、「胎児の後遺障害については、医師の診断書にもとづいて別途協議する」という主旨の一文を添えておくべきだったでしょう。

もし、この男性客がタチの悪い輩だったら、詫び状を盾にさまざまな方法で法外な要求を突きつけてきます。たとえば、詫び状や伝票を撮影してネットで流すと脅しをかけてくるかもしれません。現に、この程度のミスで「謝罪広告を出せ！」と言うのは、すでに社会常識の域を越えています。詫び状を要求するクレーマーには、さまざまな目的があるので気をつけてください（左ページ図参照）。

このように、詫び状がクレームの終わりを示すとは限りません。**詫び状によって、クレームが拡大する**恐れもあるのです。

詫び状に限らず、クレーマーに文書を出すときには細心の注意が必要です。

たとえば、示談で解決するときには示談書を交わしますが、その際には必ず領収証を受け取るか、領収証を兼ねた示談書を作成するようにします。そのうえで、但し書きには「**和解金として**」と明記します。「見舞金」といった曖昧な表現では決着が先送りされて、２回目、３回目の「お見舞い」を要求されかねません。

●詫び状を要求するクレーマーの目的●

▶謝罪の言葉では怒りが収まらない

もともとは善良な市民でも、過剰な思い込みや担当者の初期対応のまずさから、怒りが収まらないクレーマー。詫び状を出させることで溜飲を下げることも多い。

▶詫び状を集めるのが楽しい

鬱積した不満のはけ口として、イチャモンをつけるクレーマー。「詫び状コレクター」を自認し、同好の輩とその「戦果」を自慢し合う者もいる。彼らの多くは、金品目的でもある。

▶詫び状を利用して金品をせしめる

詫び状に書かれた内容を拡大解釈して、以降の交渉を有利に進めようとするプロ級の悪質クレーマー。文書を出すときには、もっとも注意しなければならない相手。

相棒がいれば踏ん張れる Section 8 事例

てめえ、ただじゃおかねえぞ！

お客のキモチ
会長を怒らせたじゃないか！

金融会社に勤める津川亮介は、秘書として会長と行動をともにしている。20代後半だが、その面構えはなかなか迫力がある。

会長は、そんな津川をかわいがった。

2人は、市内の営業所を巡回する途中、園芸用品を買い求めるため、ホームセンターに立ち寄った。「豪腕」で知られる会長は、柄にもなく土いじりが趣味だった。

会長は、ニコニコしながら店内に入った。ところが、そこで事故が起きた。会長が足を滑らせて、転倒したのだ。

「会長、大丈夫ですか？」

津川は会長を抱き起こした。

「なんだよ、こんなところに水をまきやがって！」

会長は吐き捨てるように言う。分別をわきまえた老人とは思えない、粗暴な口ぶりだ。

一方、津川は駆け寄ってくる店員に鋭い視線を向ける。

〈会長に恥をかかせやがったな。落とし前をつけてもらわないと、俺の立場がない〉

店員のキモチ

相当ヤバいお客様だな

「おケガはございませんでしたか？」

主任の塚田五郎は、目の前の老人を気遣った。しかし、老人は押し黙っている。津川が代わって答える。

「あるに決まってるだろ！」

塚田は、津川の怒声に慌てた。

〈いったい、何者だろう？〉

見たところ、老人に外傷はなさそうだが、対応は慎重にしなければならない。

「誠に申し訳ございません。救急車をお呼びいたしましょうか?」

ここで、老人が口を開いた。

「それには及ばんよ。ただ、ちょっとは考えてもらわんといかんな。こんなところに水をまかれたら、転ぶのは当たり前だろう。こんな年寄りだと、大ケガをして寝たきりになるかもしれん」

このホームセンターでは店内清掃を徹底しており、少しでも床が汚れていたら、随時モップで掃除することになっていた。会長は、その「残り水」に足を滑らせたのだった。老齢な会長がこう言うのもわからなくはないが、「大ケガ」「寝たきり」とはおおげさだ。事実、会長はピンピンしている。

ひたすら謝罪する塚田に向かって、津川がたたみかけた。

「もちろん、治療費は出すんだろうな。洋服代も弁償しろよ」

さすがに、相手の一方的な要求にイエスとは答えられない。

「恐れ入りますが、治療費につきましては医師の診断書をお持ちいただければ、お支払いいたします。お召し物は、すぐにクリーニングをしてお届けいたします」

すると、津川が声を張り上げた。

「ふざけるんじゃねえ。ケガをさせといて、診断書だと？ 会長になにかあったら、**てめえ、ただじゃおかねえぞ**」

こう言い残して2人は帰っていったが、これで一件落着とはいかなかった。

数日後、津川が来店した。塚田を見つけると、「この前の件、どうなった？」と言ってにらみつける。塚田は改めて津川をじっくり観察した。身なりはこざっぱりしているが、ただならぬ雰囲気を醸し出している。津川の捨てゼリフが頭をかすめた。

〈てめえ、ただじゃおかねえぞ〉

塚田は「厳戒態勢」で臨むことにした。**スタッフの一人を伴って、津川を応接室に案内する**。

「本日はわざわざご来店いただき、ありがとうございます」

丁寧に挨拶した。しかし、津川はソファにドカッと身を沈めたまま、なにも答えない。

塚田は心臓が高鳴った。おもむろに、津川が口を開く。

「あれから、会長の具合がよくないんだな。どう責任をとってくれるんだ？」

塚田は〈やっぱり、そうか〉と心のなかでつぶやき、スタッフに目配せした。2人は津川に対して「臨戦態勢」を敷いた。

悪質クレーマーには必ず複数で対応する

メリット 1

仲間がそばにいてくれるだけで心強い

メリット 2

仲間が相手とのやりとりの「証人」になってくれる

メリット 3

「聞き役」と「記録係」のように役割分担できる

相手の言動をしっかり記録する

この事例は、裏社会とのつながりも疑われる悪質クレーマーとの攻防です。ここでは、その序盤戦しか紹介していませんが、このあとに厳しい局面が待っていることは想像に難くないでしょう。

しかし、結論からいえば、相手から恫喝されながらもなんとか持ちこたえて、ことなきを得ました。

なぜ、これほどの手強い相手を撃退することができたのでしょうか？

最大のポイントは、主任とスタッフがタッグを組んでクレーマーに立ち向かったことです。

応接室での話し合いの最中、クレーマーから刺すような視線を向けられましたが、**主任はスタッフが横にいてくれたおかげで冷静さを保つ**ことができました。

もし、**危害を加えられそうになったら、スタッフが警察に通報し、そのときの様子を証言してくれる**はずです。

また、主任とスタッフが役割分担することもできます。この事例では、**主任が「聞き役」、スタッフが「記録係」**を務めました。スタッフは、メモ用紙とボイスレコーダーを用意していました。

クレーム対応では、相手とのやりとりを記録しておくことが重要ですが、とくにクレーマーと面談しているときは、クレーマーにプレッシャーを与える効果が期待できます（左ページ参照）。

たとえば、この事例でも「慰謝料を払え！　さもないと若いもんが黙っちゃいないぞ」と脅されたとき、「いま、なんとおっしゃいましたか？」と念を押すように聞くと、相手は口をつぐみました。**「ぶっ殺すぞ」と物騒な言葉が飛び出したときは、「怖いですねえ、11時50分」と口に出して、スタッフのほうをチラっと見ました。**これで、相手は一気に戦意喪失です。

会話を録音することについては、しばしば「勝手に録音してもいいのか？」という質問を受けます。プライバシーの問題を気にしているのだと思いますが、それは心配いりません。「大事なことですから、記録させていただきます」と断って、録音を始めればいいのです。必ずしも、相手の了解を得る必要はありません。

●なぜ、「記録・録音」が必要なのか●

❶ 「言った、言わない」の水掛け論に陥ることを防ぐ

クレームが正当な要求である場合も含めて、無用なトラブルを避けるために記録は不可欠である

❷ クレーマーの脅迫めいた言葉を封じ込めることができる

悪質クレーマーは、自分の言葉が録音されて警察沙汰になることを嫌う

❸ クレーマーに言葉尻をとらえられるリスクが減る

会話を録音することで、自分も言葉を慎重に選ぶようになる

❹ 被害届を出したり、裁判になったりしたときの「証拠」になる

記録は犯罪を立証するために重要。隠し録りした録音は証拠として認めない裁判官もいるが、少数派である

❺ クレーム情報を社内で共有できる

録音や筆記メモをもとにクレームの内容と対応の経緯を整理し、各部署にフィードバックする

こっそり録音することも違法ではありませんが、相手に対する「抑止力」を考えると、メリットはあまりないでしょう。

⇩⇩相棒との二人三脚から組織戦につなげる

主任にとって、このスタッフは「相棒」といってもいいでしょう。

そこで、改めて相棒について考えてみました。

相棒の語源は、江戸時代の「駕籠《かご》かき棒」だそうです。前後2人の息がぴったり合った駕籠は、お客に喜ばれたことでしょう。しかし、ヤクザ者を乗せてしまったときは、2人が協力してタダ乗りなどを防いだに違いありません。

職場の仲間についても、同じことがいえるのではないでしょうか？「顧客満足」だけでなく、「危機管理」においても、仲間と力を合わせることが大切だからです。

しかし、相棒と2人だけでは解決できない難しいクレームも存在します。

第4章では、相棒との二人三脚をベースにして組織戦を展開するとき、どのような点に注意すればいいのか、そのポイントを中心に解説します。

第４章

「詐欺まがいの連中」をチームで退ける

はじめから金銭や特別待遇を狙った海千山千のクレーマーがいます。また、小さなミスをあげつらって過大な要求を突きつけてくる豪腕もいます。こうしたケースでは、ハードランディングもいたしかたありません。毅然と対応するための実践テクニックを伝授します。

担当者を組織が
しっかりバックアップ
Section 1
事例

責任者を出せ！

社員のキモチ

もう、勘弁してくれ！

〈いつまで、こんなことに付き合わなければならないのだろう？〉

建設会社に勤める橋本卓也は、クレーマーの執拗な嫌がらせにノイローゼ寸前だ。

ことの発端は1年半前にさかのぼる。

この会社は、マンション建設に伴う地盤振動が予測されたため、工事説明会を開くなどして補償問題に備えていた。橋本は主任として、この折衝の調整役を務めていた。

工事が完了した数日後、1本の電話が入った。新築マンションの近隣住民からだ。

「俺がいない間に勝手に自宅に上がり込んでおきながら、『補償できない』だと？ いったい、どういう了見だ！」

たいへんな剣幕でまくし立てる。外出中だった橋本に代わって課長が応対したが、事情がよくわからない。橋本からとくに報告を受けていなかったからだ。その場は、部下の不躾《ぶしつけ》な訪問を詫びるしかなかった。

帰社した橋本は、課長の顔色をうかがいながら、それまでの経緯を報告した。

「このお宅から、地盤振動によって玄関先のコンクリートに亀裂が入り、襖の開閉ができなくなったという申し出があったので、昨日、ご自宅を訪問しました。そこで、玄関先の補修費用は補償するが、建具については補償できないことをお伝えしました。ご主人が留守だったので、奥様に言うと『主人に話しておきます』と、穏やかな様子でおっしゃっていました」

事前調査と事後調査の結果から、建具の不具合はマンションの建設工事とは無関係であると判断されていた。橋本は、当たり前のことを素直に伝えたつもりだった。

ただ、ちょっと気がかりなこともあった。玄関口から見えた居間の様子が、尋常ではなかったからだ。まるでゴミ屋敷だった。

ともあれ、橋本はお詫びと事情説明のため、もう一度、この家を訪ねた。

ところが、出迎えた主人は想像以上に頑《かたくな》だった。

「お前じゃ話にならん。**責任者を出せ！** 社長が直接謝罪しろ！　帰れ！」

逃げるようにして会社に戻った橋本は、さっそく課長に指示を仰いだ。しかし、課長は「**お前がなんとかしろ**」と言うばかりで、なんのアドバイスもない。

結局、担当役員の指示により、社長名で詫び状を出すことになった。とりあえず、穏便に済ませたいというわけだ。橋本としては立場上、いたたまれない気分である。

1週間後、クレームの主が来社した。橋本は再度、建具の不具合は工事以前からあったことを説明して了解を求めた。しかし、相手は「謝罪したんだから、きちんと補償してくれ」と一歩も譲らない。詫び状を出したことで、状況が好転するどころか、後退してしまっていた。

そのあとも、社長宛の手紙やメールを含めて、あらゆるルートで苦情の申し立てがあった。そのつど、上司から「**まだ解決できないのか！**」と叱責された。

同僚からも白い眼で見られるようになった。1日に何十回も嫌がらせの電話がかかってきたり、応接室で数時間も粘られたりしたからだ。相談に乗ってくれるどころか、同情してくれる者もいなかった。

そんな状況が1年間続いた。橋本は精神的に追い詰められ、自ら異動を願い出た。

その半年後、異動先に内線電話が入った。

「あなた宛にクレームが入っている。建具の不具合を補償しろという……」

橋本は受話器を片手に言葉が出なかった。

お客のキモチ

簡単には引き下がらない！

還暦を過ぎた長谷川雄一は、数年前に勤務先が倒産してから定職に就いていなかった。また、病弱な妻はここ数年、寝たり起きたりの生活を続けている。夫婦は、僅かな貯金を取り崩しながら、かろうじて生活していた。

長谷川は、そんな現実に正面から向き合うことができない。自分の不甲斐なさはわかっているが、苛立つ感情を抑えられないのだ。

〈マンションで儲けてるんだろ！　少しぐらい、こっちに回してくれてもいいだろう〉

言い知れぬ不安と嫉妬が、お門違いのクレームを引き起こした。

ラグビー型組織で クレーマーを押し戻す

担当者が責任をもって対応する

チームの先頭プレイヤーがタックルをかわしながら、相手陣地のゴールを目指す

相棒とタッグを組む

先頭プレイヤーが倒れそうになっても、チームメイトが素早くパスを受ける

全社一丸となって組織戦を展開する

チームメイトがスクラムを組み、陣容を立て直したり、スクラムトライを狙う

組織として
どうバックアップするのか？

第1章で述べたように、悪質クレーマーにはじっくり腰を据えて対応することが肝心です。ところが、この事例のように、組織の十分なバックアップがないために、担当者の心が折れてしまうケースが後を絶ちません。

どんなに執念深いクレーマーでも、無期限に相手を責め立てることはできません。むしろ、金品目的のプロ級クレーマーは、相手が話に乗ってこないとわかると、早々に引き上げていきます。交渉の時間が長引けば長引くほど、警察に通報されるリスクが高まるからです。

この事例では、担当者に大きな落ち度はありませんが、クレーマーの心の奥底に強い不平・不満があるため、なかなかクレームがやみません。「素人は拳の下ろし方を知らない」というのは、クレーム対応でもいえることです。

このようなケースでは、**担当者を孤立させることがもっとも危険**です。この事例は、典型的な失敗例といえるでしょう。

たとえば、クレーマーの「責任者を出せ！」という要求に対して、社長名の詫び状で収束を図ろうとするのは、あまりに安易な考え方です。その前にクレームの実態把握に努めなければなりませんが、上司は担当者に責任を押しつけるばかりで、なんの手も打っていません。

そのあとも、上司や同僚のサポートがなく、担当者は一人で悩み続けることになります。

では、どのような対応をすればよかったのでしょうか？

一言でいえば、**個人と組織が有機的に結びつく**ことです。そのためには、142ページで示したような**「ラグビー型」の組織づくりを目指す**べきです。

個人（プレイヤー）は、自分の責任を自覚してクレーマーと対峙しますが、それでも状況が好転しなければ、職場の仲間や会社全体（チーム）でフォローしなければなりません。「責任者を出せ！」と言われたからといって、**すぐ上司にバトンタッチするのでもなければ、いつまでも担当者一人に任せておくのでもない**のです。

しかし、現実はどうでしょうか？　あなたの職場は左ページの図のような組織になっていませんか？　改めて振り返ると、組織の弱点が見えてくるかもしれません。

●こんな組織はクレーマーの餌食になる！●

▶ことなかれ主義

クレーマーに対して、「早く厄介払いしたい」という心理が働き、安易な方法で解決しようとする。しかし、金銭の提供や特別待遇の約束をすると、その評判は「クレーマー仲間」に広がり、クレーマーの標的になり続ける恐れがある。

こうした組織風土は社員・職員の意識に根づいてしまい、職場のなかで「責任転嫁」「丸投げ」といった悪習がまかり通るようになる。

▶がんじがらめの管理主義

クレーム対応では「バッドニュース・ファースト」（悪い情報こそ、早く報告する）が大切だが、人事評価を気にしすぎて、悪い情報を担当者が一人で抱え込んでしまう。

また、個人の持ち味を発揮するチャンスがなく、「ことなかれ主義」につながりやすい。

▶仲良しクラブ

組織内の過剰な馴れ合いは、メンバーの士気をかえって低下させる。悪質クレーマーはそんな「ひ弱な獲物」を見逃さない。

チームワークの重要性を理解していれば、組織のなかに競争心が生まれるのは悪いことではない。

毅然とするための「準備」を怠らない Section 2 事例

いまからすぐ謝罪に来い！

店長のキモチ ついにきたか！

郊外のスーパーで店長を務める広田昭夫は、パートの女性従業員から受話器を取り上げた。電話口で、しどろもどろの受け答えをしていたからだ。

「ああ、店長さんか。本当に困るんだよね、こんなことじゃ！」

広田は、女性従業員の話しぶりから、相手が店内で話題になっている強面の男だろうことは察しがついた。室内は冷房が効いているが、手のひらが汗ばんでくる。

「ご迷惑をおかけして、申し訳ございません。どのようなご用件でしょうか？」

まずは丁寧にお詫びする。すると、怒濤のごとくまくし立ててきた。

「総菜のなかにプラスチック片が入っていた。こんなもんを食わせる気か！　総菜はどこから仕入れているんだ？　それとも自家製か？　店頭に並べる前にチェックしないのか？　衛生管理の責任者は誰だ？」

「たいへん申し訳ございません。すぐに、新しいお品と交換させていただきます」

広田は、男の問いかけに一つひとつ答えるのは控えた。ここで押し問答をしてもしかたがないからだ。まずは、相手の出方を待った。

「交換？　バカ野郎、半分食ってプラスチック片が入っていたから、ゴミ箱に放り込んだよ」

男は一瞬の間を置くと、ドスを利かせてこう言った。

「いまからすぐ謝罪に来い！」

お客のキモチ
ちょっと怖がらせれば簡単に稼げる

平岡健吉は、二の腕に彫られた入れ墨を上着で隠して、広田がやってくるのを待っていた。かねてから狙いをつけていたスーパーから、「迷惑料」をまきあげる計画だ。

〈店長とはいっても、まだ小僧っ子だ。5万~6万円なら簡単だな〉

平岡はかつて暴力団事務所に籍を置いていたが、いまは足を洗っている。もはや紋々の彫り物で、シノギを得られる時代ではない。

〈いい獲物が見つかったな〉

平岡は「昔取った杵柄」で、店長を脅すつもりだ。

店長のキモチ

落ち着いていこう

広田はフロアマネジャーを伴って、平岡の自宅を訪問した。インターホンを押す前に、**呼吸を整えて「よし!」と気合いを入れる。**

外観はごく一般的なマンションだが、居間に招き入れられたとき、テーブルの上の果物ナイフが目に入った。

広田とマネジャーは、思わず顔を見合わせた。平岡はその様子を見て、ほくそ笑む。

「わざわざ来てもらって、悪かったたな」

平岡は愛想笑いを浮かべるが、それが猿芝居であることは広田にもわかった。テーブルには、禍《まが》々しい果物ナイフの横に、さりげなくリンゴが置いてある。恐喝にならないための小細工だ。

〈なかなかの策士だな。世間話はしないほうがいいだろう。言葉尻をとらえられて、難癖をつけられたらかなわない〉

広田は挨拶も早々に切り上げ、本題に入る。小さな封筒と包みを差し出して言った。

「ご迷惑をおかけしました。代金をお返しいたします。もしよろしければ、できたての総菜をお持ちしましたので、召し上がってください」

平岡は包みに入った総菜には目もくれず、封筒の中身を確かめる。

「なんだこれ！　８８０円？　それに５００円の商品券？　これで謝罪のつもりか？」

平岡の顔がどんどん紅潮してくる。広田は努めて冷静に話す。

「私どもとしましては、誠意を尽くしてお詫びしているつもりですが」

「なにをほざいているんだ！」

平岡の罵声が飛んだ。

広田は背中に冷や汗が流れるのを感じたが、なんとか平静を保っている。

Section３に続く

心のスイッチを切り替える

最悪の状況を想定する

➡ 覚悟が決まる

呼吸を整える

➡ 内面に意識が向いて「気」が充実する

足指をストレッチする

➡ 身体を動かすことで気持ちを落ち着かせる

わずか10秒間で心の準備ができる

悪質クレーマーには毅然として対応する――。

これに異論を唱える人はいないでしょう。しかし、「はじめに」で述べたように、クレーム対応の現場で実践するのは容易なことではありません。

「いますぐ謝罪に来い！」と呼びつけられ、クレーマーから罵声を浴びせられたりしたら、たいていはひるんでしまいます。

では、どうすればいいのでしょうか？

この事例は、クレーマーに毅然とした態度で臨み、窮地を脱した成功例です。店長の言動には、「毅然とするためのヒント」がいくつも隠されています。

まず、クレーマーと対峙する前に覚悟を決めています。クレーマーが店内で話題になっていたことは、店長にとっては幸運でした。事前に「手強い相手」であることがわかったからです。

最悪の状況を想定することは、危機管理の基本です。なぜなら、さまざまなリスクを考慮に入れる「危険予測」につながるだけでなく、自分のなかで「覚悟」ができるからです。日頃から、こうした危機意識をもつように心がけてください。

また、クレーマーの自宅を訪問する際、店長が**呼吸を整えてから対面**したことは重要なポイントです。一見、ありふれた行為ですが、手強い相手と面談するときには不可欠です。

私が警察学校を卒業するとき、犯罪現場でパニックにならないための方法として**「丹田呼吸法」**を教えられましたが、これはクレーム対応でも大きな効果がありますす（左ページ参照）。

心の準備としては、要人警護を担うSP（セキュリティポリス）の「ワザ」も参考になります。たとえば、**「足指のストレッチ」**。これは、剣道の高段者が多いSPで、広く実践されています。

やり方は簡単です。足の指を親指から1本ずつ動かして、その動きを確認するだけです。左右で10本、1本1秒とすれば、10秒でおしまいです。

呼吸法にせよ、ストレッチにせよ、大切なことは**「動作」によって「心のスイッチ」を切り替える**という発想です。

● 10 秒あればできる「丹田呼吸法」●

丹田呼吸法

臍の下と恥骨の間（丹田）に力を込めて、ゆっくり息を吐き出す呼吸法

1. リラックスして、背筋をまっすぐに伸ばして立つ（または座る）

2. 丹田に意識を集中し、頭のなかで６つ数えながら、ゆっくりと息を吐き切る

3. 息を吐き切れば、自然に息を吸うことができる。３つ数えながら、丹田が膨らむようにゆっくり息を吸う

4. 肺が空気でいっぱいになったら、丹田に手を当てて「よし！」と気合いを入れる（１秒間）

吐息に重点を置き、ゆっくりと吐き切るのがポイント！

どうして
くれるんだ！
誠意を見せろ！

Section 2から続く

店長のキモチ

いつものセリフが飛び出してきた

広田は、平岡のプレシャーに必死で耐えている。

一方、平岡も予想外の展開に唇を噛む。怒りに震える声でこう続けた。

「**どうしてくれるんだ！**　レシートもここにある！」

さすがに用意周到である。しかし、広田も負けてはいない。

「はい。たしかに総菜をご購入いただいております。ただ、プラスチック片が入っていたとおっしゃるのであれば、現物を見せていただきたかったです。こう申しますのも、当店では総菜の一部を外部から仕入れておりますので、現物をよく調べて異物の混入ルートを突き止めたいのです」

「そんなことは、お前たちの勝手だろ。俺には関係ない」

「おっしゃるとおりです。ただ今後、お客様にご迷惑をかけることがないように、混入ルートをはっきりさせたいのです」

「わかった。だが、もう捨ててしまったから、どうしようもないな。それとも、プラスチック片なんか入っていなかった、とでも言いたいのか？」

「いいえ、そうは申しません」

「それなら、なにかすることがあるだろう？」

「と、おっしゃいますと？」

「**誠意を見せろ！**」

平岡が怒鳴った。

〈やっぱり、カネ目当てか〉

広田は下腹に力を込めた。

「お客様のおっしゃる誠意とは、具体的にどのようなことでしょうか？」

「それはお前が考えることだろう?」

「**すみません**。この場でこれ以上のことを申し上げることはできません」

「それなら、**念書を書け**」

「**恐れ入りますが、私の一存では書けません**」

広田は丁寧な口調だが、きっぱり言い切った。すると、平岡は意地の悪い笑みを浮かべて言った。

「プラスチック片が入ってたぐらいだから、どうせ、汚ねえ調理場だろ。保健所に通報してもいいんだぞ。それでもいいのか!」

「はい、私どもとしましても、保健所の指導を仰ぎながら、衛生管理の徹底を図っております。お客様がそのようにされるのであれば、私どもがとやかく言う筋合いではございません」

「じゃあ、ビラでもまくか。『プラスチック片入りの総菜を食わせる店』ってな」

「困りましたねえ。でも、私どもは、お客様のすることにあれこれ言える立場ではありませんから……」

平岡に手詰まり感が漂う。

「なあ、お前も忙しいんだろ？　迷惑料ということで、どうだ？」

「**無理です**」

「どうしてだ！」

「**社会通念上**、できる限りの誠意は尽くしているつもりです」

お客のキモチ

ペテンが通じない！

２人の攻防が続いたが、**30分ほど経過**したところで、広田がこう切り出した。

「このあと会議がありますので、**そろそろ、おいとまします**。納得いただけないのは残念ですが、しかたありません」

この言葉を聞いた平岡は、思わず首を傾げた。自分の書いたシナリオ通りに、事が運ばなかったからだ。興奮した平岡が立ち上がって、怒鳴った。

「ここで帰すわけにはいかん！」

「強要されても困ります。失礼いたします」

広田とフロアマネジャーは、仁王立ちの平岡を尻目に部屋を出ていった。

断りの「3段話法」をマスターする

STEP 1

丁寧な口調で拒否の意思を伝える

「すみません」

STEP 2

クッション言葉を添えてしっかり断る

「恐れ入りますが…できません」

STEP 3

断定的に拒否する

「無理です」

⇩⇩「断る」ことに躊躇しない

金品を目的とした悪質クレーマーは、「５万円出せ」などと、自分の要求を具体的に伝えることはしません。それは、ひとつ間違えば、恐喝として警察に通報されかねないことをよく知っているからです。だから、**「どうしてくれるんだ！」「誠意を見せろ！」**という言い方で、相手にプレッシャーをかけるわけです。

ここで、担当者が先回りして「では、いくらお支払いすればいいでしょうか？」などと提案するのは禁物。「誠意とは、具体的にどのようなことでしょうか？」と切り返したうえで、要求は受け入れられないことをはっきりと伝えます。

その際、３ステップで意思表示をするといいでしょう。「すみません」→「恐れ入りますが……できません」→「無理です」というふうに、**段階を踏んで「できない」ことを繰り返し伝える**のです。

しかし、「どうして、できない？」と、執拗に絡んでくるクレーマーもいます。

その場合は、**「社会通念上」**とか、**「総合的に考えて」**といったフレーズで対応します。こうした曖昧な表現は、お客様に対して失礼ではないかと思うかもしれませんが、相手の悪意がはっきりした時点で、もうお客様として扱う必要はありません。

また、クレーマーから念書を求められたら要注意です。強面のクレーマーに迫力負けしたり、長時間拘束されたりして、念書を書いてしまうケースがありますが、**念書は脅しの材料になるので書かない**ようにします。

脅されて、無理やりに書かされたのであれば「**強要罪**」が成立しますが、文書として残っている以上、裁判で不利になるケースもあります。

悪質クレーマーに対しては、**応対する時間を限定する**ことも大切です。しばしば、担当者から「4時間も5時間も粘ったが、ダメだった」などという愚痴を聞くことがありますが、通常は30分も話を聞いていれば、だいたい事情はわかります。

それ以上の長居は、こちらの苦痛が増すばかりです。そこから逃げ出したい一心で、相手の要求に応じてしまう危険性もあります。

もし、強制的に拘束されれば「**監禁罪**」が成立しますが、その場合もこちらから「帰りたい」という意思表示をしておく必要があります。

ここで大切なのは、その場で決着をつけようと無理をしないことです。

● ３つの「ない」で悪質なクレームを乗り越える ●

できません、
無理です
できそうなことを
言わない
私の一存で
書くことは
できません
念書を
書かない
そろそろ、
おいとま
いたします
長居を
しない

こちらからきちんと意思表示することが大切！

責任の所在がはっきりしないときの対処法 Section 4 事例

じゃあ、誰が悪いのよ！

お客のキモチ
あなたのせいで、こんな目に遭わされた

「昨日、カラーリングしてもらったけど、頭皮がかぶれてかゆい。ブツブツができて、腫れもある。どうすればいいの？」


深田佳子は30歳を過ぎて、はじめて髪を染めた。美容室の鏡を見て、自分でも表情が明るくなったと満足した。

〈みんな、びっくりするかな？〉

久しぶりにウキウキする気分だった。ところが数時間後、頭皮から首筋にかけてひどいかゆみが襲ってきた。しだいに、顔全体が腫れ上がってくる。

翌日、深田は心配になって、美容室に電話をした。電話に出た若い美容師は、慌てた声で答えた。

「すぐ病院に行ってください」

深田は、ますます不安になって尋ねた。

「病院？　原因はなんなの？」

「私たちではよくわかりません。アレルギーかもしれません」

「どういうこと？」

「薬液がお客様の体質に合わなかったとか……」

相手のうろたえる様子が目に浮かんだ。

「あなた、美容師でしょ、責任をとってちょうだい」

「でも、メーカーさんからもとくに注意するようには言われていないんで……」

完全に逃げ腰だ。

「じゃあ、誰が悪いのよ！」

深田はいったん電話を切って、勤務先に連絡を入れた。

「すみません。体調がすぐれないので、今日休ませてください」

なんとか、気難しい上司の了解を得ると、地元の皮膚科クリニックに急いだ。

「これは、ヘアカラーの薬液による皮膚炎ですね。最近、こうした事故が多いんですよ。本来、染毛の48時間前にパッチテストをすることが義務づけられていますが、そんなことをやっている美容室は皆無といっていいでしょう。

今後、カラーリングはやめたほうがいいですよ。今日は、飲み薬と軟膏を出しておきます。もし、症状が悪化したら、すぐに来てください。点滴をしましょう」

医師から説明を受けた深田は、不安が怒りに変わるのをはっきり自覚した。

社員のキモチ

本当に私のせいなの？

「カラーリングでかぶれた？　病院には行ってもらったか？　こちらからも連絡しておきなさい」

新人美容師の福井良美はチーフから指示を受け、顧客リストから深田佳子の名前を探し出した。そして、おそるおそる電話をかける。

「深田さんですか？　このたびは申し訳ありませんでした。お加減はいかがですか？」

「やっぱり、ヘアカラーの薬液が原因だそうよ。今日、会社を休んだわ。明日も出勤できないと思う。ねえ、どうしてくれるの？」

「誠に申し訳ありません」

丁寧にお詫びしたつもりだったが、深田の刺々しい声が返ってきた。

「**治療費と休業補償、きちんとしてね。慰謝料も払ってもらうわ**。だって、あなたたちの責任なんだから。カラーリングの前には、パッチテストしなきゃいけないんでしょ」

この言葉を聞いて、福井はうろたえた。

〈休業補償？　慰謝料？　なにそれ？　パッチテストなんかどこのサロンもやってないじゃない〉

電話は一方的に切られた。福井は受話器を持ったまま、深田との雑談を思い出した。

〈たしか、こんな話をしていたわ〉

「私、会社でマーケティングを担当してるの。今度、ヨーロッパを視察してくるわ」

〈すごいやり手かもしれない。裁判で訴えられたらどうしよう〉

福井はだんだん怖くなってきた。

誠意のボーダーラインを決めておく

安易に金銭による解決を図らない

→ クレーマーの標的にならないようにする

自社の業種・業態に合った基準を設ける

→ 現実的な補償のしかたを検討しておく

社会規範に則った公平・公正を拠り所にする

→ クレーマーを特別扱いしない

⇩⇩「これだけは譲れない」という基準が必要

商品やサービスを提供する側に不手際があった場合、その補償についてはお客様の言い分を聞きながら、社内規定などに則って対処するのが通常の手順です。

しかし、なかにはどこまで補償すればいいのか、判断に迷うケースがあります。

この事例は最近、美容室で頻繁に起きているトラブルで、経営者の悩みの種になっています。

ここで医師が説明しているように、美容室がカラーリングの薬液を使用する際には、事前にパッチテストをすることになっていますが、現実にはお客様に対して「今日はパッチテストだけにしておきましょう」とは言いづらいものです。

そもそも、市販の薬液についても、使用説明書ではパッチテストの必要性が謳われていますが、それを十分理解している一般消費者はほとんどいません。

しかし、ひとたび問題が起きれば、美容室の責任は免れません。美容室側としては、「ウチだけじゃない」というのが本音かもしれませんが、言い訳は通用しないのです。

では、どうすればいいのでしょうか？

いうまでもなく、お客様に誠意をもって対応しなければなりませんが、問題は補償の範囲です。この事例の場合、治療費を負担するのは当然ですが、休業補償や慰謝料について、どのように判断するかは難しいところです。

こうしたクレームに対しては、実際にはケースバイケースで対応することになりますが、その際の「指針」はあらかじめ固めておかなければいけません。

車の運転にたとえれば、ハンドルに「遊び」は必要ですが、右折するか左折するかのハンドル操作を誤ってはならないのです。

具体的には、３つのポイントを押さえておきましょう。

まず大前提として、**不当要求に対しては金銭で解決しようとしない**ことです。

不当要求に特徴的なのは、相手が過失に対する補償だけでなく、それにプラスアルファした形で金銭や特別待遇を求めることです。

わかりやすい例でいえば、不良品を購入した客が代金の返還や商品の交換を求めるのは正当ですが、それに加えて「迷惑料」などを要求するのは不当です。

●「わがまま」を自覚できない消費者……①●

恥知らずな常連客

店内で商品を見ていた若い男性が販売員に声をかけた。

「いまは買わないけれど、この商品の説明をしてほしい」

販売員は一通り、商品内容と使い方を説明したあと、ほかの客の接客に回ろうとした。そのとき、男性からクレームがついた。

「もっと丁寧に説明しろ」

大勢の客でごった返す店内で、男性客と販売員の間でいざこざが始まった。店長が事務室に案内すると、販売員への批判を繰り返す。その間、３時間。

「どうすれば、納得していただけるのですか？」

しびれを切らした店長は男性に問いかけた。すると、こんな答えが返ってきた。

「あの商品をください。説明してくれたやつ」

「お買い求めいただけるということですか？」

「タダに決まってるだろ！」

「タダというわけにはいきません。多少の値引きはさせていただきます」

男性はしぶしぶ帰ったが、このあともしばしば来店し、平然とショッピングを楽しんでいる。

接客態度に言いがかりをつけて特別待遇を要求する

損害保険に入っているからといって安易に金銭でカタをつけようとすると、その評判はすぐに広まり、クレーマーの標的になります。

また、**組織の実態（業種や業態など）に合った基準を設けておく**ことも重要です。なぜなら、組織によって「誠意の見せ方」が異なるからです。

たとえば、青果店と百貨店を比べてみましょう。商店街の青果店で売られていた野菜が少々傷んでいたからといって、店主が菓子折持参で常連客の自宅を訪問することはないはずです。せいぜい、その客が来店したとき、おまけする程度でしょう。

一方、百貨店の食品売り場で、鮮度が落ちた高級食材が売られていたら、その購入者には責任者名でお詫びの挨拶が入るかもしれません。

そして最終的には、**公平・公正が拠り所になる**でしょう。つまり、クレーマーを特別扱いしないことです。声高に主張する客の要求には応じるけれど、おとなしく黙っている客には我慢してもらうということでは、企業のコンプライアンスやCSR（企業の社会的責任）にも反します。

ここで忘れてならないのは、**「これだけは譲れない」という「誠意のボーダーライン」を組織として決めておき、それを順守する**ことです。

●「わがまま」を自覚できない消費者……②●

非常識な返品要求

ある日、中年夫婦が家電販売店を訪れた。オーディオ機器の購入を検討しているという。販売員が接客すると、夫は気に入った機種が見つかり、満面の笑みを浮かべている。かたわらの妻はやや不満げだったが、２人で話し合って購入を決めた。

ところが、しばらくして妻から店に電話があった。

「私が納得していないから、返品するわ」

商品の状態を確認すると、すでに配線を終え、使用中であることがわかった。

「ご購入の際、奥様にもご納得いただいていると思います。もうお使いになっているので、返品はご容赦ください」

電話口に出た販売員は、ごく当たり前のことを説明したつもりだが、相手からは罵声が返ってきた。

「あなたが無理やり買わせたんでしょ！　ほかの店ならもっと安く買えるわよ」

営業時間内にもかかわらず、２時間余り文句を言い続けた。さらに、その翌日に来店し、同じことを１時間以上繰り返す。店舗側としては、これ以上の時間を割くのは不利益だと判断し、不本意ながら返品に応じた。

激しい価格競争のなかで
消費者の権利を拡大解釈している

時間をめぐる攻防に勝つ方法 Section 5 事例

いまここで結論を出せ！

社員のキモチ

店長、早く帰ってきて！

「あ、すみません」

都心にある高級家具店で、店員の保坂順一は振り向きざま、初老の男性客に肩が当たった。

「おい、気つけんか！」

年齢のわりにカジュアルな服装だが、その声には迫力がある。両手に荷物を抱えていた保坂は、ぎこちなく頭を下げた。

男性はフンッと鼻を鳴らして、店内を回ろうとした。が、その瞬間、携帯電話を落としたことに気づいた。

「なんや、携帯、壊れてもうたやないか？」

携帯電話を拾ってあれこれ操作しているが、どうやらうまく作動しないようだ。

保坂は荷物を床に置いて、男性のもとに駆け寄った。

「申し訳ありません。携帯、大丈夫ですか？」

「さあな」

男性は、ぶっきらぼうに答える。

保坂は商品の搬入作業が気になってはいたが、男性をこのままにして作業に戻るわけにはいかない。その場でじっと男性を見守った。

携帯電話をいじっていた男性が、おもむろに顔を上げて言った。

「お前、この携帯がダメになったら、どういうことになるのか、わかってんのか？」

にわかに不穏な空気が流れた。

「どういうことでしょうか？」

保坂はおずおずと尋ねた。

「この携帯には、大切なデータが入っとる。データが飛んでたら、たいへんなことになるんやで」

「データですか？」

保坂は、男性がなにを言いたいのかよくわからなかった。一方、男性は仰々しく額に手を当てて言う。

「100人以上のパーティー・コンパニオンの連絡先が入っとる。今日も、いまから連絡することになっとったんや」

「え、そうなんですか？　どうすればいいんでしょうか？」

保坂は尋ねた。

「いまから会社に戻る。といっても、事務所は大阪や。新幹線で行かなあかん。切符代を用意せえ」

保坂は突拍子もない要求に困惑した。

「お客様、ちょっと携帯を見せていただけませんか？　もしかしたら、まだデータが残っているかもしれません」

保坂の申し入れに対して、男性は声のトーンを上げた。

「なにをゴチャゴチャ言うとるんや！　ほれ、見てみい！」

保坂は、男性の携帯電話に登録されている番号を確認しようとした。ところが、データはなにも残っていない。

〈でも、どうもヘンだ。電話は正常に機能しているみたいなんだけどなあ〉

不信感を抱いた保坂に、男性の怒号が飛んだ。

「切符代、**どないするんや！**」

「申し訳ありません。店長に相談しないと……」

「店長はどこや？」

「いま、外出しています」

「切符代ぐらい、レジに入ってるやろ！　**早よせい、最終列車に間に合わんやないか！**　出すのか、出さないのか、**いまここで結論を出せ！**」

保坂は、思わずレジの中身を思い浮かべた。

お客のキモチ

ちょとした小遣い稼ぎだ

小さなイベント企画会社を経営する堀田健吾は、腹の底で保坂をせせら笑っていた。

〈ウブな奴やな。これで、明日の切符代が浮いてしまうがな。これから、代理店の連中を誘って、飲みにでも行くかな？〉

焦らず、慌てず 名前を確認する

POINT 1

「ギブアップトーク」で
相手の要求に対して即答しない

POINT 2

「丹田呼吸法」などで
冷静になる

POINT 3

名前を尋ねて
相手にプレッシャーを与える

⬇⬇「早く追っ払いたい！」が失敗を招く

　この事例は、もう詐欺といって差し支えないでしょう。クレーマーの手口からいって、常習犯だと想像できます。社会経験の浅い従業員が、まんまと相手の術中にはまるのも無理はありません。

　いまやプロ級のクレーマーが善良な市民の仮面をかぶって、街のあちこちに出没しています。なんだかんだと言って相手を焦らせ、その場で金品をまきあげようとするのです。

　こうした輩に対しては、前述の「ギブアップトーク」が効果を発揮します（84ページ参照）。**「私一人では判断できません」「お急ぎかもしれませんが、いますぐというわけにはいきません」**などと突っぱねるのです。この事例のように、クレーマーは言葉巧みに対応を急がせるかもしれませんが、ここで屈してはいけません。

　じつは、悪質クレーマーは「論理」と「感情」の二刀流で攻めてきます。

　この事例でいえば、「最終列車に間に合わない」という屁理屈と、怒号による恫喝です。

　クレーム対応に慣れていない人は、クレーマーに対峙すると「早く追っ払いたい」「その場から逃げ出したい」という思いが先に立ち、つい相手の屁理屈に迎合してしまう傾向があります。〈たしかに、時間がないよな〉と、考えてしまうのです。ここに大きな落とし穴があります。

　そこで重要になるのが、**毅然と対応する「マインド」を取り戻す**ことです。そのためには、前述の「丹田呼吸法」（152ページ参照）が役に立ちます。できれば、クレーマーと間合いをとって、10秒間のリセットタイムをとるようにします。

　そのうえで、クレーマーに名前を尋ねます。

「上司と相談して、ご連絡を差し上げますので、お名前を教えてください」

　これは、身を守るためのギブアップトークでもありますが、見方を変えれば、クレーマーへの反撃の第一歩にもなります。じっくり腰を据えて、相手の答えを待っていれば、こんどは素性を知られたくないクレーマーが窮地に追い込まれます。

　この事例でいえば、店長の帰社を待たずに、男性は「もういい！」と捨てゼリフを残して退散するでしょう。

●クレーマーを手詰まりにする基本パターン●

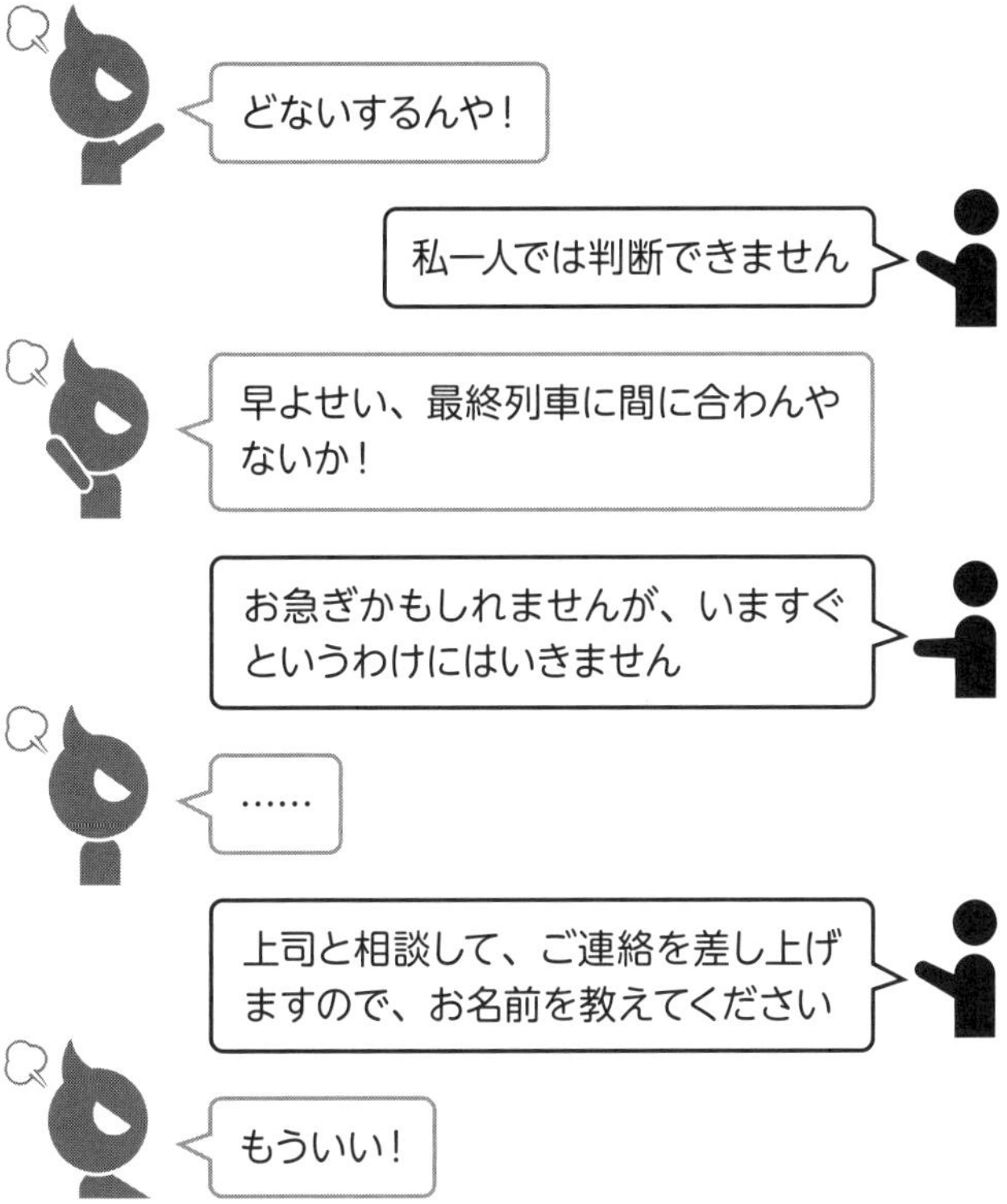
どないするんや！
私一人では判断できません
早よせい、最終列車に間に合わんやないか！
お急ぎかもしれませんが、いますぐというわけにはいきません
……
上司と相談して、ご連絡を差し上げますので、お名前を教えてください
もういい！

「名前を尋ねる」ことで反撃に出る

巧妙なワナに
引っかからない
Section
6
事例

ちょっと待て！

お客のキモチ

計画通りだ！万札が手に入る

松田健太は、持ち帰った小包の梱包を解いた。きれいな花瓶が姿をあらわす。思わず、笑みがこぼれる。

〈これで一儲けできるな〉

花瓶を取り出すと、ヤスリで挿し口に小さなキズをつけた。そして、携帯電話から電話をかけた。

「お宅で花瓶を買ったんだが、挿し口にキズがあるじゃないか。返品する！」

電話に出た女性が答える。

「さようでございますか。それは申し訳ございません。すぐにお手続きをさせていただきますので……」

松田は女性の言葉をさえぎる。

「いまから持っていくから、カネの用意をしておけ！」

「はい、かしこまりました」

松田の厳しい口調に、声が震えている。

松田は東京・赤坂にある陶器専門店に入ると、まず店内を見回した。客は、一組の老夫婦と数人の女性、それに陶芸家らしき老人が一人。

〈ちょうどいい数だ。ギャラリーの面子もまあまあだ〉

松田は近くにいた店員に声をかけた。

「さっき電話をした者なんだが、花瓶を返品したい。担当者を呼んでくれるかな？」

電話とはうってかわって、穏やかな口調で言う。

店員はなにやら同僚と相談していたが、しばらくすると女性店長がやってきた。

「このたびは、ご迷惑をおかけして大変申し訳ございません」

松田はなめ回すように店長を見た。店長は身をこわばらせる。

〈おっと、勘違いするなよ。興味があるのは、あんたじゃない。お宅のカネだよ〉

松田は、笑いを嚙み殺して言う。

「この花瓶、返品するから代金を返してくれ」

「かしこまりました」

しばらくして、封筒を手にした店長が戻ってきた。

「申し訳ありませんでした。ご返金させていただきます」

松田は封筒の中身を確かめた。

「ちょっと待て！」

松田はトーンを抑えながらも、きつい口調で言い放った。

店内の客と従業員が、いっせいにこちらを振り向く。店長は慌てて説明する。

「お代金の3万円でございますが……」

「わざわざ、タクシーに乗って返品しに来たんだぞ。それでこれだけか？」

表情が険しくなった松田を前に、店長はオロオロする。

「タクシーですか？　……どちらから、いらっしゃったんでしょうか？」

「所沢だ」

松田は適当に答える。本当は、渋谷から地下鉄で15分だった。

店長は一瞬、迷ったが、「タクシー代をお支払いします」と提案する。

松田は〈しめた！〉と思った。あとは、相手を徐々に追い詰めていけばいい。

「そんなことは当たり前だ。それより、この花瓶は大切なクライアントから頼まれて買ったものだ。それがこのざまだ。大恥をかいた。これで商談もパーだ」

そして、松田が怒鳴り声を上げた。

「**どうしてくれるんだ！**　どう責任をとってくれるんだ！」

店長は動揺が隠せない。

「そのようにおっしゃられても……」

「だから、どうするのかと聞いているんだ！」

ここで松田は**口をつぐむ**。店長は明らかにおびえている。松田は、頭のなかで〈1、2、3、4、5〉と数えると、ドスの利いた声で追い打ちをかけた。

「はっきりしろ！」

店長は、完全にパニック状態である。

「どうすればいいんでしょうか？」

「呼びかけ」「怒声」「沈黙」に惑わされない

「ちょっと待て！」

クレーマーはかけ声をかけることで
パニックを拡散させ、相手の立場を悪くさせる

「どうしてくれるんだ！」

クレーマーは怒声や罵声で
相手をパニックに陥れようとする

「……………」

クレーマーは自分が沈黙することで
相手から不用意な言葉が出るのを待っている

↓↓ 脅し文句の「間」にワナが仕掛けられている

悪質クレーマーは、「どうしてくれるんだ！」などといきなり大声を上げたり、テーブルを叩いたりすることがあります。それは、**相手をパニックに陥れて自分のシナリオ通りに事を運ぶ**ためです。

ところが、その前に「ちょっと待て！」というフレーズを使う、百戦錬磨のクレーマーがいます。**あらかじめ相手の注意を引いておき、怒鳴り声のダメージをより大きくしよう**という魂胆です。いわば、必殺の右ストレートの前に繰り出す、左ジャブのようなものでしょう。

ここで注意してほしいのは、**「ちょっと待て」という呼びかけに対して、まわりにいる人すべてが反応する**ことです。「えっ、なに？」と声の主を探すのです。

クレーマーは、そのタイミングに合わせて怒鳴り声を発します。つまり、周囲を巻き込むことで、パニックを拡散させるわけです。

クレーマーの標的にされた人は突然、怒鳴られたことによる恐怖とともに、「これ以上こじれると、みんなに迷惑がかかる」という焦りが生まれます。その結果、平常心を失い、完全なパニック状態に陥ってしまいます。

また、クレーマーは「沈黙」を巧みに操り、こちらを窮地に追い込みます。**怒鳴り声を上げておびえさせたあと、一瞬、口をつぐむ**のです。時間にして数秒間ですが、その間にこちらの不安はどんどん膨らむでしょう。

きっと、あなたにも経験があるはずです。誰かと口論になりかけたとき、相手が急に黙り込むと不安になりませんか？　これが電話だったら、なおさらでしょう。相手の表情が見えないだけに不気味です。

クレーマーはこうした心理を利用するわけです。

このように、クレーマーはさまざまなテクニックを駆使しますが、それに対抗するには、まずクレーマーの手口を知っておくことが大切です。

つまり、怒声が耳に響いたら「いま、脅しにかかっているな」と判断し、「ちょっと待て！」と呼びかけられたら、「ワナを仕掛けているな」と用心するのです。

そして、クレーマーが急に口をつぐんだら、こちらも黙ります。揚げ足をとられないように余計なことは口走らないことが、もっとも効果的な防衛策なのです。

● 5秒の沈黙には 10 秒の沈黙で応える ●

1 クレーマーが仕組んだ沈黙に対しては、
こちらも沈黙で応える

相手が急に黙ったら、こちらも５秒間の沈黙をつくる

↓

2 こちらの沈黙の時間を延ばしていく

相手が５秒間沈黙したら、こちらは 10 秒間黙っている

↓

相手に沈黙を破らせることができれば、上出来！

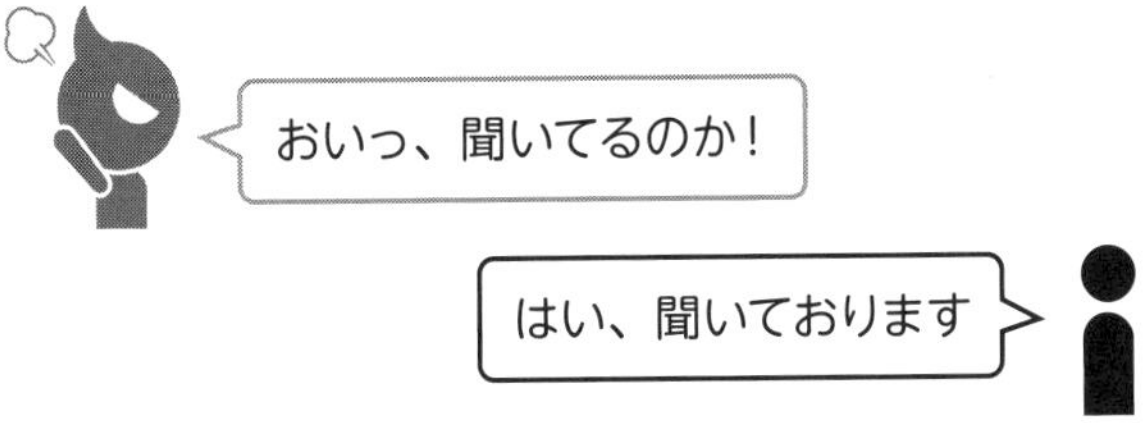

しだいに相手のほうが焦ってきて、
支離滅裂になってくる

精神的な揺さぶりに動じない Section 7 事例

この役立たずが！

医者のキモチ
頭にくる！ 怖い！ 恥ずかしい！

「いつまで待たせるんだ！」

医師の三宅均は、診察室に入った男性患者に突然、怒鳴られた。

三宅は、たいそうな剣幕にたじろぎつつ、患者の失敬な態度にカチンときた。

〈でも、病気を抱えていれば、苛立つのもしかたないな〉

こう思い直して、診察を始めた。

「どうなさいましたか？」

「夕方からちょっと頭が痛いんだよ」

三宅は体温測定や問診、触診を終えると、患者にこう伝えた。

「それほど心配することはなさそうですね。念のために、鎮痛剤を処方しておきますが、調子がよければお薬も飲まなくて結構です。いまは、しっかり睡眠をとるようにしてください」

すると、患者からこんなことを言われた。

「脳波は調べなくていいのか？」

三宅は、電子カルテにデータを入力しながら答える。

「大丈夫ですよ。心配いりません」

しかし、患者は納得しなかった。胸ポケットに突っ込まれた数枚のプリントを見せながら言う。

「ほら、ここに書いてあるだろ。俺の症状と同じじゃないか？」

そこには、脳神経に関連する病名が書かれていた。

〈またか〉

三宅は、ちょっとうんざりした。患者がインターネットで調べた情報で医師と張り合おうとしているからだ。医師の間では、「グーグル症候群」と揶揄される人たちだ。

「それは、症状がもっと極端な場合です。まったく別物ですよ」

三宅は患者を安心させるつもりでさりげなく話したが、それは逆効果だったようだ。患者が声を荒げた。

「俺をバカにしているのか！」

三宅が電子カルテから目を離して患者に向き合うと、すごい形相でこちらをにらみつけている。

「いやいや、そんなつもりは毛頭ありません」

三宅は平静を装うが、内心はヒヤヒヤしていた。傍らの看護師も緊張で表情が固まっている。診察室は異様な空気に包まれた。医師と看護師、それに患者の3人が押し黙ってしまったからだ。

その静寂を破ったのは、患者だった。

「この役立たずが！」

これには三宅もムッとしたが、反論するまもなく、患者が怒鳴った。

「それでも医者か？　なんだその情けない顔は？　**恥ずかしくないのか！　死ね！**」

三宅もだんだん頭に血が上ってきた。同時に、得体の知れない相手に対して、恐怖心もわき上がってきた。

〈どうしよう？　ここままじゃマズい。なんとか、なだめる方法はないか？〉

こう思いをめぐらせていると、患者の手が三宅の胸元に伸びてきた。胸ぐらをつかもうとしているのだ。

三宅はとっさに椅子を蹴って後ずさりしたが、**診察室から飛び出すことはなかった。**

〈そんな姿を同僚や患者に見られたくない〉

このとき、怒りと恐怖で自分を見失っているのは、三宅のほうだった。

患者のキモチ　チキショー、なにもかもうまくいかない

宮本順一は、人からよく神経過敏だと言われる。そのせいか、職場での人間関係もあまりうまくいっていない。いきおい、被害妄想的になる傾向がある。

〈しょせん、医者なんて世間知らずのボンボンだろ。それなのに、いつも偉そうにしやがって。何様のつもりだ？〉

宮本のもとには、クレームのネタが自然に集まってくる。宮本にとって、それは「チャンス」どころか、「不幸」でしかなかったが――。

罵詈雑言には
心に「バリア」を張る

「誹謗中傷」には耳を塞ぐ
――自分の「怒り」をコントロールする

▶「役立たず！」
▶「恥ずかしくないのか！」 etc

「脅し文句」は聞き捨てる
――自分の「恐怖心」をコントロールする

▶「死ね！」
▶「タダで済むと思うなよ」 etc

「不当要求」は聞き流す
――自分の「混乱」をコントロールする

▶「責任をとれ！」
▶「補償しろ！」 etc

⇓⇓ 自分の心をコントロールして平常心を保つ

悪質クレーマーは、しばしば罵詈雑言を浴びせて、相手をパニックに陥れようとします。しかし、そこでペースを乱されては元も子もありません。

この事例は、はじめから悪意があるクレーマーとは言い切れません。長時間、待合室で待たされて、怒りがこみ上げていたのかもしれません。また、電子カルテばかり見ている医師に腹を立てた可能性もあります。ただ、医師の胸ぐらをつかもうとするなど極めて暴力的なことから、悪質であるのは間違いありません。

いずれにしても、クレーマーの罵詈雑言に対しては、**心に「バリア」を張り、平常心を保つ**ことが大切です。つまり、クレーマーの言葉をまともに受け止める必要はないのです。

たとえば、この事例のように「役立たず」などと誹謗中傷を受けたら、耳を塞ぐつもりで、**クレーマーの暴言をシャットアウト**します。

また、「死ね！」などのような恐怖心があおられる脅し文句は、**聞き捨ててしま**

うのが賢明です。金銭や嫌がらせを目的とするクレーマーに対しては、そうした発言があったことを記録しておくようにします（135ページ参照）。

なかには、「責任をとれ！」などと大声で怒鳴り続けるクレーマーもいますが、その場合も**「雑音」として聞き流す**ようにします。そうしないと、こちらが混乱してしまい、正常な判断ができなくなります。

もし、電話で怒鳴り散らされたら、受話器を耳から離してみてください。鼓膜を破るほどの罵声も、「ちょっと耳障りなノイズ」程度にしか感じないはずです。

言い換えれば、**「K点」を超えたクレーマーには「上から目線」で接してもいい**のです。罵詈雑言を浴びせられても、「この人は心が貧しい」「クレーム対応は私の『仕事』。私の人格とは関係ないから、なにを言われても平気」、あるいは「あんな人はいつか報いを受ける」などと考えれば、心に余裕が生まれます（左ページ参照）。

そしてもう一つ、大切なことを付け加えます。それは、**平常心を保つためには、薄っぺらな自尊心を捨て去る**ことです。

この事例でいえば、周囲の目を気にして診察室から出なかった医師は、患者から暴行を受ける危険にさらされ、ますますパニックに陥るでしょう。

●いつか、誰かが「倍返し」してくれる！●

誠意をもってクレーマーと接しても、事態が好転するとは限らない。

そんなときは、ついムキになってしまいがちだが、それではなにも解決しない。

では、どうすればいいのか？

「**自分がやっつけなくても、いつか、誰かが倍返ししてくれる**」と考えて、心の平静を取り戻すようにしたい。

しかし実際に、「天罰」のようなことはあるのだろうか？

宗教にうとい私だが、「ある」と考えている。

警察官時代、私は手配中の容疑者や不審者などを見つけるために、つねに周囲の人間を観察する習慣が身についていた。そうすると、頻繁に同じ顔と出くわすから不思議だ。

たとえば、階段を下りてくる人物を見て「あれ？　さっき階段を上っていった奴だな」と気づくことがある。

これは、警察官が意識的に目配りしているからこそ、実感できることだ。

しかし、言い換えれば、一般的には「**自分では気づかないことも、現実には起きている**」ということにならないだろうか？

こうした「つながり」のなかで、悪質クレーマーは、いつか、どこかで社会的な制裁を受けるに違いない。

一人ですべてに折り合いをつけようとしない

老練クレーマーの「必殺ワザ」に用心する　Section 8　事例

俺とお前の問題だろ！

社員のキモチ

どうして、こんなことになるんだ？

大手企業に勤続15年の室田和彦は、オフィス街の喫茶店で、一人の男を待っていた。

〈いまさら、なんの話だろう？〉

3カ月前、この男から「社員の接客態度が悪い」というクレームを受けた。

「女性社員が鼻にかかった声で応対する。バカにされているようで、非常に不愉快だ」という、とるに足らない内容だった。

当時、室田は〈変わった男だな〉と思いつつ、現場責任者である自分がお詫びをすれば決着するだろうとタカをくっていた。

ところが、そうはいかなかった。

男は頻繁に会社を訪れるようになり、そのたびに難癖をつける。いつのまにか、最初のクレームは陰に隠れてしまい、「購入した商品の品質が悪い」「誇大広告で消費者をだますような真似はやめろ」などと、クレームの内容が広がっていった。

あげくの果てには、「コンサルタント料を払う気はないか？」とまで言い出した。

実直な室田も、さすがに〈もう、付き合い切れない〉と、男の要求を突っぱねた。

「これまで、いろいろなご指摘をいただき、たいへんありがたいと感謝しておりますが、お客様のご要望には応じかねます」

室田がこう告げると、男は「わかった」と引き下がった。1週間前のことである。

それが昨日、また男から電話があった。

「近くまで行く用事があるから、ちょっと2人で会わないか？」

待ち合わせに10分遅れて、男が喫茶店に入ってきた。

男は挨拶もそこそこに切り上げると、唐突にこんな話を始めた。

「お前は、いったい誰から給料をもらっているんや？」

「会社から……でしょうか？」

「アホか、お客様やろ。そんなことだから満足な接客もできないんや！」

男は続ける。

「『しょうばい』とは、どういう字を書くんだ？」

「……商売？」

「バカ野郎！　笑顔を売ることが商売や。よく覚えておけ！」

アイスコーヒーが乗っていたコースターを裏返して、「笑売」となぐり書きした。さらに、速射砲のようにまくし立てる。

「では、顧客満足とはなんだ？　お宅の経営理念は？」

「従業員の接客態度はもちろん、企業の倫理、経営者の人柄、社会的評価、広告宣伝など、企業が提供するすべてのものについて、つねにお客様が満足しているか否かを考えることが大切です」

室田は、我ながらうまく答えられたと思った。しかし、男はこう切り返してきた。

「わかっているのに、なぜ実践しない？　知っていて、やらないのは俺をバカにしている証拠だ」

ここで、男の目が異様な光を放った。

「なあ、室田君。以前、話したコンサルタント料の件だけど、考えてくれたかな？」

「えっ⁉」

室田はあっけにとられた。

「それは難しいと、先日、申し上げましたが……」

男は身体を乗り出して、室田の耳元でささやく。

「俺とお前の問題だ！」

低いトーンだが、語気は鋭く尖っていた。

室田は、クモの巣に絡め取られるような感触を味わっていた。

お客のキモチ

そろそろ、詰めに入ろうか

武藤譲二は、白髪交じりの頭をかきながら、パソコン画面に見入っていた。室田が勤める会社のホームページをチェックし、イチャモンをつけるネタを探しているのだ。

〈さあ、これで準備万端。そろそろ、コーヒーでも飲みに行くかな〉

クレーマーを「放置」して出方を見守る

「できること」と「できないこと」をはっきりさせて、回答・提案を行う

POINT 1 それ以上のアクションは起こさず、相手の出方を見守る

POINT 2 個人的なつながりはもたない

↓↓相手からの連絡がなくなったら クレームの終結

プロ級のクレーマーは、見せかけの「正論」を振りかざして、相手に恐怖心を抱かせたり、やさしく諭したりします。巧みに脅し（カマシ）と、なだめ（スカシ）を使い分けるのです。

この事例では、老練なクレーマーが、そのテクニックの一端を披露しています。ある経営セミナーで講師の一人は、このクレーマーと同じようなこと――給料はお客様からもらっている、商売は笑売――を語っていましたが、クレーマーは講師の数倍の迫力と説得力をもって、こちらを追い詰めてきます。

また、このクレーマーが手強い相手であることは、**クレームを「個人」の問題にすり替えることによって、交渉を有利に進めようとしている**ことからもわかります。

怒声でカタをつけようとするクレーマーが多いなか、異色な存在ですが、表面上は引き下がっているように見せておいて、ジワジワと標的を締めつけていきます。

こうした連中に対しては、まずクレーム対応の原則に従い、「できること」と

「できないこと」をはっきりさせて回答・提案を行いますが、そのあとのフォローにはとくに気をつけなければなりません。

ただし、それは**クレーマーを「ケア」するのではなく、「放置」する**ことです。つまり、組織として打つべき手をすべて打ったあとは、クレームが終結するまで、こちらからはアクションを起こさず、相手の出方を見守るのです。

たとえば、健康問題に関するクレームがあったとしましょう。クレーマーの主張が正当かどうかを見極めるため、診断書の提出を求めることがありますが、もし、いつまで経っても診断書が提出されず、相手からの連絡もなければ、そのまま放っておけばいいのです。言い換えれば、連絡がなくなった時点でクレームは終結したとみなすわけです。

注意してほしいのは、個人的なつながりはもたないことです。**担当者個人の携帯電話番号や自宅の住所をクレーマーに教えない**のは当然です。プライベートな生活にまで踏み込まれては、そのストレスで疲弊してしまうでしょう。

また、**クレーマーとの交渉はできる限り、業務時間内に行う**ようにします（左ページ図参照）。

●業務時間外にクレーマーと交渉するときは、どうする？●

基本ポイント

クレーム対応は「仕事」であると割り切り、クレーマーと接するときは、つねに**「仕事モード」**にしておく

実践ポイント

① クレーマーの自宅などを訪問するときは、スーツや仕事着で出向く

➡自分の気持ちが「仕事モード」に切り替わり、ビジネスライクに交渉を進めることができる

② クレーマーへの電話連絡は、できるだけ会社の電話か、社用の携帯電話を利用する

➡着信履歴から電話番号が割り出される恐れがあるので、自宅からは電話をかけない。個人の携帯電話の利用も控えたほうがいい

③ 相手の言いなりに個人的な付き合いを始めない

➡オフタイムという気安さから飲食に誘われることがあるが、クレーマーの本性がわからない段階で個人的な付き合いを始めることは極めて危険である

クレーマーとの「ゲリラ戦」に備える

Section 9 事例

みんな迷惑しているんだよ！

部長のキモチ

厄介なことになった！

水産加工品メーカーのフリーダイヤルに、中年男性から電話が入った。

「お宅の『つみれ』に魚の小骨が入っていた。おかげで、子どもが口の中を切った」

オペレーターは、業務マニュアルに沿って、こう伝えた。

「すぐに商品を回収させていただきますので、ご連絡先を教えていただけますか？」

すると、意外な反応が返ってきた。

「全部食べた。しかしこれ、欠陥商品だろう。きちんと補償してもらわんと納得できんな。こんどお宅にお邪魔するよ」

当初、一般消費者からのクレームだと思われたが、その通話内容を吟味した結果、悪質クレーマーの疑いが浮上した。そこで、総務部長の毛利敬一が担当することになった。

そもそも、この商品に魚の小骨が混じるのは当然のことで、欠陥商品というわけではない。また、断言はできないが、その小骨でケガをすることは通常、考えられない。

電話があった翌々日、ダークスーツに身を固めた、いかつい男性が来社した。毛利は部下と一緒に、応接室で男性を迎えた。

「子どもが血を流して、見てられんかったよ」

こんな苦情から始まったが、すぐに話題が補償問題に移る。

「誠意を見せてほしいな。**みんな迷惑しているんだよ！**」

悪質クレーマーの常套句だ。毛利は、組織対応で男性の要求を突っぱねた。

ところが、その数日後、**商品を卸している量販店から電話が入った**。横柄な口調だ。

「お宅の製品にクレームがついている。そちらでなんとかできないかな？」

さらに、しばらくすると**消費者団体からも問い合わせがあった**。

「消費者から『つみれ』に苦情がきていますが、ちょっと調べてもらえますか？」

〈あの男の仕業だな。すぐに対策を立てないと、たいへんなことになるかもしれない〉

「積極的放置」で クレーマー包囲網を敷く

STEP 1

クレームの内容について
事実関係を確認する

STEP 2

組織内の担当窓口を
一本化しておく

STEP 3

取引先や行政・関連機関に
クレームの事実を伝えて
連携を図る

↓↓窓口を一本化して混乱を避ける

この事例は、善良な市民を装った悪質クレーマーが、ターゲットの取引先や消費者団体を巻き込んで、交渉を有利に進めようとしたケースです。まさに、「ゲリラ戦」を挑んできたのです。

量販店との継続的な取引を望むメーカーは、量販店の高飛車な態度を苦々しく思いながらも、面倒を避けたいがためにクレーマーの言い分を聞き入れてしまうかもしれません。また、「消費者」や「行政」の影におびえて、それまでしっかりしていた対応の「軸」がぶれるかもしれません。

もし、そうなったら「蟻の穴から堤も崩れる」の如く、致命的なダメージを被る可能性があります。

こうした事態に追い込まれないためには、**社内はもとより、取引先や行政・関連機関にもクレームの事実を伝え、対応策についての意思統一を図る**必要があります。

この事例でいえば、こんなふうに伝えます。

「いま、当社の製品『つみれ』について、お客様から『小骨が混じっており、子どもが口のなかを切った』というクレームをいただいております。現在、事実関係の確認中ですが、この件については総務部の毛利敬一が担当いたしますので、お客様からなにか連絡が入りましたら、恐れ入りますがその旨をお伝えください」

こうして根回しをしておけば、余計な混乱を招くことはありません。

そして、一本化された窓口の担当者が、組織の全面的バックアップのもとで毅然とした態度をとれば、しつこいクレーマーでもいずれしびれを切らして退却するはずです。つまり、**「クレーマー包囲網」を敷いて、撤退を余儀なくさせる**のです。

前項で述べたように、こちらからはアクションを起こさず、相手の出方を見守ることを「**消極的な放置**」だとすれば、取引先や行政とも連携し、相手の動向を監視するのは「**積極的な放置**」といえるでしょう。

↓↓「近道」を探すと「迷路」に足を踏み入れる

私は講演や執筆活動のかたわら、クレームの現場をリアルタイムでサポートして

●「積極的放置」を成功させるための３つのポイント●

① 企業側に一部過失が認められるとき

過失の事実を正直に監督官庁に届け出て、指導を仰ぐ

② 反社会的勢力が黒幕だと考えられるとき

「時間が経てば解決する」などと楽観視しないで、「消極的放置」から「積極的放置」に即刻シフトする

③ クレーマーが暴力的で過激な姿勢を見せたとき

会社に押しかけてきたり、街宣活動をしたりする場合は弁護士・警察に相談するとともに通告書なども用意する（第５章参照）

います。そのなかで、もっとも気をつけているのは、クレーム担当者が「迷路」に足を踏み入れないようにすることです。

悪質なクレームに対応するとき、担当者はとかく「近道」を探そうとします。しかし、それが失敗の元なのです。

たとえば、この事例を量販店の側から見れば、店長は面倒なことから手離れしたい一心で、取引関係で優位なのをいいことに、メーカーにクレーム対応を丸投げしようとしています。しかし、それはかえって問題を深刻化させるでしょう。

仮に今回は、メーカーが独力でクレーマーを排除できたとしても、こんどは量販店がクレーマーのメインターゲットになるかもしれません。なぜなら、量販店の弱腰な姿勢がクレーマーに知られてしまうからです。

そんなことにならないように、私は企業のクレーム担当者に軌道修正を進言します。場合によっては、行政や消費者団体など関連機関との連携を図ったり、警察に相談することも必要です。

そこで本書の締めくくりとして、危機管理の基本と警察との連携などについて触れておきたいと思います。

第5章

日頃の目配り・手配りでクレームを遠ざける

トラブル回避の危機管理

クレームの火種はあちこちにあります。しかし、ちょっとした目配りで未然に防ぐことができるケースが少なくありません。同時に、いざというときのための手配りも必要です。無用なトラブルを避けるための方策を教えましょう。

01

危機管理

挨拶は最高の「護身術」である

◉毎日の挨拶が危機管理の第一歩

まず、クレーム対応における危機管理の基本について述べましょう。

じつは、防犯とクレーム対応には、多くの共通点があります。

たとえば、深夜営業のコンビニ。不良少年の溜まり場になったり、店員が酔客に絡まれたりすることは日常茶飯事です。強盗に狙われるケースも後を絶ちません。

こうした事態に陥る背景には、人通りが少なくなった場所で少人数のアルバイト店員が店を切り盛りしなければならないという事情があります。

しかし、同じような立地や労働環境でも、狙われる店舗とそうでない店舗があるのも事実です。なぜでしょうか？

両者の違いは、一言でいえば「挨拶」にあります。

接客業において、スマートな挨拶が利益の拡大（顧客満足）につながることは誰でも知っていますが、**店舗や事務所などの防犯（危機管理）に役立つ**ことはあまり理解されていません。

たとえば、コンビニに入店した客に対して「いらっしゃいませ」と声をかければ、強盗や万引きはもちろん、悪質なクレーマーも遠ざけることができるでしょう。なにか悪事をたくらんでいる輩は、店員から声をかけられると「ヤバイ、店員に見られた！」と、ひるむことは間違いありません。

ところが、狙われやすいコンビニでは、従業員が棚の商品を入れ替えたり、レジで接客したりしていて、来店客にはほとんど目もくれません。「いらっしゃいませ」と奥のほうから声はしても、顔を合わせることはないのです。これでは、自らトラブルを招き入れているようなものです。

ここで注意してほしいのは、善良な市民でも酒に酔っていたり、精神的に追い詰められたりしていると、店員のちょっとしたミスが引き金になってモンスター化するということです。

では、店側としては、どうすればいいのでしょうか？

それは、**お客様と目を合わせて「いらっしゃいませ」「こんにちは」などと挨拶する**ことです。仮にレジ前に長蛇の列ができていたとしても、ほんの1～2秒、入店客のほうに視線を向けて、挨拶の言葉を発することはできるはずです。

これは、クレームの初期対応で「視界」を広くするのと同じです。場合によっては、**不審なお客様に対して「なにか、お探しですか？」と声をかける**のもいいでしょう。

挨拶には、一銭もかかりません。コストがゼロで顧客満足と危機管理の両方を達成できるのですから、一日も早く、挨拶の励行に努めてください。

◉こんな挨拶は相手を苛立たせる

ただし、場違いな挨拶によって、かえって相手に不快感を与えることがあります。

たとえば、病院で「いらっしゃいませ」と職員や看護師、医師に言われたら、どう感じるでしょうか？　さすがにこれは非常識だろうと思われるかもしれませんが、「患者様」と呼ぶ医療機関は少なくありません。2001年に厚生労働省が出した指針でも、「原則、姓（名）に様を付ける」とあります。

これは、行きすぎた「顧客サービス」ではないでしょうか？

クレームを未然に防ぐ３つの接客フレーズ

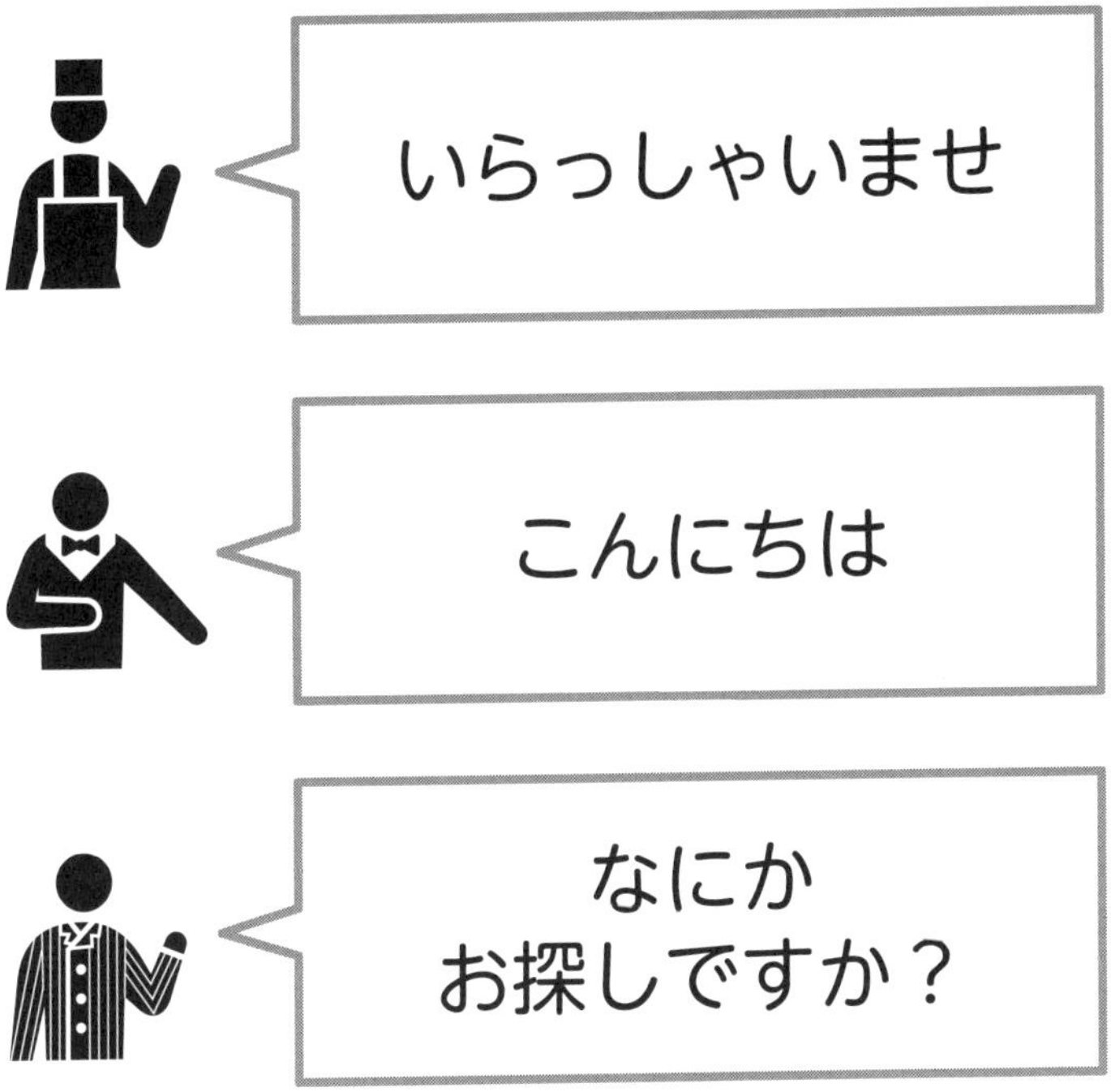
いらっしゃいませ
こんにちは
なにか
お探しですか？

POINT

- □ 出入り口に視線を向ける
- □ 相手と目を合わせる
- □ 揉み手で相手を招き入れるような過剰なサービスは控える

02

危機管理

警察との連携を視野に入れておく

◉事前相談でクレーマーにプレッシャーをかける

どうにも手がつけられないクレーマーが相手だったり、反社会的勢力の関与が怪しまれたりしたら、警察との連携を検討しなければなりません。

警察への連絡で、まず思い浮かぶのは110番通報でしょう。しかし、110番は本来、事件や事故の現場に居合わせたときにダイヤルする緊急通報です。

では、いわゆる揉めごとであるクレームについては、どうすればいいのでしょうか？クレームの場合、警察との連携でもっとも重要なのは、**大きなトラブルに発展する前に「相談」する**ことです。なぜなら、事案ごとの具体的なアドバイスをもらえるだけでなく、クレーマーに対して「すでに警察に相談している」「警察の指導を仰いでいる」という事実を伝えることで、プレッシャーをかけることができるからです。

警察は事案をシロかクロかで判断します。つまり、「一線」を越えていない事案は、いわゆる揉めごとであり、警察は介入できないのです。

ただし、凶悪犯罪の多発などが引き金となって、警察は「事件」になっていない事案についても、相談窓口を広げています（219ページ参照）。

警察との連携を深めるには、日頃から密に連絡をとっておくだけでなく、もっと積極的に警察との関わりをもつこともできます。

たとえば、暴力事件や悪質クレーマーへの対策について**社内講習会を企画し、最寄りの警察署に講師の派遣を依頼**すれば、警察とのパイプを太くすることができるかもしれません。

また、**警察ＯＢを雇用**することも考えられます。

これまでも大企業では、警察ＯＢが総会屋対策などのために渉外担当者として採用されることは珍しくありませんでしたが、クレーマー被害が増加するなかで、さまざまな組織で警察ＯＢが活躍するようになりました。

ただし、どのような目的で警察ＯＢを採用するのかをはっきりさせておく必要はあります。定年退職した警察官を顧問や相談役として迎えるのか、現場で存分に警察官としてのスキルを生かしてほしいのか、事前によく検討しておいたほうがいいでしょう。

◉緊急通報するときの2つのポイント

もちろん、恐喝や脅迫、器物損壊、暴力などの犯罪行為が認められるケースは、ただちに110番通報しなければなりません。

ただこの場合も、そのときになって慌てて警察に通報するのではなく、日頃から心の準備をしておく必要があります。その際のポイントは2つ。

第一に、**相手とのやりとりを記録する**ことです。クレーマーの暴言を録音しておいたり、会話をメモしたりする習慣をつけておきましょう。

第二に、クレーマーに対して**段階的に警告を発する**ことです。

たとえば、何時間も文句を言ってなかなか帰らないクレーマーがいたら、まず「これ以上は業務の支障になるので、お帰りください」と、はっきり意思表示しなければなりません。それでも居座るようなら、「これ以上は対応できません」→「業務に支障が出ます」→「お引き取りください」→「業務妨害になりますよ」→「お帰りにならないのでしたら、警察に通報します」→「警察に通報しました」というステップを踏みます。

警察と連携するための連絡先とポイント

＃9110

▶相談専用。各都道府県の警察本部につながる

各警察署の相談係

▶最寄りの警察署に問い合わせる

交番

▶無人になる時間帯があれば、事前に確認する

110番

▶緊急通報。恐喝や暴行や器物損壊などの場合

各都道府県の暴力追放運動推進センター

▶警察OBや弁護士などが相談に乗ってくれる

いざというときに慌てないよう
連絡先は携帯電話に登録するなどしておく

03

危機管理

弁護士に相談するときのポイント

◉通告書はクレーマーへの抑止効果が大きい

弁護士との連携も、警察と同じように「事前相談」が有効です。「法的な手段も視野に入れている」ことをクレーマーに伝えて、プレッシャーを与えるのです。

具体的には、クレーマーとの面談や電話で**「この件については、弁護士とも相談しています」と口頭で伝えたり、通告書を作成し内容証明郵便で送付**したりします。

通告書の文面は事案に応じて変わりますが、おおよそこんな具合です。

「これまで貴殿は当社に対して、高圧的言動を繰り返してきました。いずれも具体的な根拠と客観性に欠けるもので、当社の責任は認められていません。

当社は、同種の事案が繰り返し発生することを看過できないことから、顧問弁護士とも協議したうえで、警察にも相談しました。これ以上、従業員をとらえて高圧的で社会

クレームの現場で見られる主な違法行為と法律

▶威力業務妨害
例：店内で大声を出し続ける

▶脅迫罪
例：執拗に法外な賠償を要求する

▶恐喝罪
例：「カネを出せ！」と脅し取る

▶強要罪
例：無理やり土下座や謝罪文を求める

▶不退去罪
例：長時間、居座り続ける

通念を逸脱した要求があれば、これまでの記録をもとに、法的手段に訴えることを決定しましたので通知します。なお、今後の貴殿からの申し出を口頭で受けることはできません。具体的根拠にもとづいて、文書にて申し出てください」

交渉が堂々めぐりになったり、冷静な話し合いができなかったりするときには、こちらの考え方を相手に納得させるのは難しいものです。

その場合には、こうした文書による通告が効果的でしょう。

通告書の作成にあたっては、その内容を吟味しますが、その作業を通してクレーム対応の「方針」を確認することができます。つまり、**相手に対する抑止効果が期待できるだけでなく、自分たちの足下を固める**ことにもつながるのです。

◉法律知識があれば安心できる

トラブルやクレームの多くは、通告書を送付すると収束に向かいますが、もし通告に従わず、さらなる攻撃があれば、文面通りに法的措置を講ずることになります。

前ページの図をご覧ください。実際に、こうした違法行為が摘発され、裁判に至るケースは少ないかもしれませんが、**法律の知識を身につけておけば、いざというときに物怖じせず、対応できる**でしょう。

なお、弁護士の協力を得るには、弁護士と顧問契約を結んだり、個別相談に出向いたりするほかに、弁護士団体による無料相談や、日本司法支援センター（法テラス）などを利用することもできます。

[著者]
援川　聡（えんかわ・さとる）

(株)エンゴシステム代表取締役。

1956年広島県生まれ。79年大阪府警察官に。95年に大手流通業に転職、元刑事の経験を生かしてトラブルや悪質なクレームの対応にあたる。その適切で確実な「解決術」は高い評価を受け、業界団体の講師を務めるほどに。2002年に独立し、(株)エンゴシステムを設立。豊富な現場経験と独自のノウハウをもとに、リアルタイムで企業はじめ医療機関、役所等をサポート。講演・セミナーは年間100回以上、新聞・雑誌への寄稿、テレビ出演も多数。たたき上げの警察官・刑事経験と、販売現場での実務経験の両方をもつ、クレーム対応の第一人者。

著書に『クレーム処理のプロが教える　断る技術』（幻冬舎）、『クレーマーの急所はここだ！　超プロがついに明かす　どんな問題もすべて解決』（大和出版）、『理不尽な人に克つ方法』（小学館）など。

現場の悩みを知り尽くしたプロが教える
クレーム対応の教科書
──心が折れないための21の実践テクニック

2014年3月20日　第1刷発行

著　者──援川　聡
発行所──ダイヤモンド社
　　　　〒150-8409　東京都渋谷区神宮前6-12-17
　　　　http://www.diamond.co.jp/
　　　　電話／03・5778・7232（編集）　03・5778・7240（販売）

装丁・図版──ムーブ（新田由起子、徳永裕美）
製作進行──ダイヤモンド・グラフィック社
印刷────堀内印刷所（本文）・加藤文明社（カバー）
製本────ブックアート
企画・構成──メディアポート
編集担当──佐藤和子

Ⓒ2014 Satoru Enkawa
ISBN 978-4-478-02517-8
落丁・乱丁本はお手数ですが小社営業局宛にお送りください。送料小社負担にてお取替えいたします。但し、古書店で購入されたものについてはお取替えできません。
無断転載・複製を禁ず
Printed in Japan